월街의 영웅
비트코인을 접수하다

월街의 영웅 비트코인을 접수하다

초판 1쇄 발행·2021년 3월 31일
초판 2쇄 발행·2021년 4월 30일

지 은 이 ·신의두뇌
펴 낸 이 ·이종문(李從聞)
펴 낸 곳 (주)국일증권경제연구소

등   록 ·제406-2005-000029호
주   소 ·경기도 파주시 광인사길 121 파주출판문화정보산업단지(문발동)
영 업 부 ·Tel 031)955-6050 | Fax 031)955-6051
편 집 부 ·Tel 031)955-6070 | Fax 031)955-6071

평생전화번호·0502-237-9101~3

홈페이지·www.ekugil.com
블 로 그 ·blog.naver.com/kugilmedia
페이스북·www.facebook.com/kugilmedia
E-mail·kugil@ekugil.com

· 값은 표지 뒷면에 표기되어 있습니다.
· 잘못된 책은 구입하신 서점에서 바꿔드립니다.

ISBN   978-89-5782-135-0 (03320)

비트코인이 오르는 이유와 비트코인의 전망

월街의 영웅
비트코인을
접수하다

신의두뇌 지음

국일증권경제연구소

코로나 팬데믹으로 비트코인 부활하다

여러분이 2021년 초 이후에 이 책을 보고 있다면 이미 비트코인이 많이 오른 상태로 언론이나 사람들 입에 오르내린 이후일 것이라 생각한다. 2018년 초에 한국 증권 시장이 대하락을 겪은 것처럼 비트코인도 같은 시기에 대하락을 겪었다. 이후 상당히 부정적인 의견을 피력하는 사람들이 있었다는 사실은 여러분들도 알고 있을 것이다. 그로 인해 비트코인 투자는 실패였다고 생각했다가 엄청난 가격 상승에 다시 관심이 생겨 이 책을 찾은 분들도 있을 것이다.

사람들의 관심은 '비트코인 가격이 크게 올랐다'라는 것과 '누구누구가 몇 배를 벌었네'와 같은 이야기다. 그런 이야기가 솔솔 들려오기 시작하면 그제야 관심과 투자가 이어진다. 그렇지만 여러분의 생각과 다르게 이런 상태에서의 투자는 상당한 리스크에 노출된 투자라는 점을 반드시 알고 있어야 한다. 비트코인은 왜 부활했고 지속적인 상승을 보이는지 그 이유를 알아야 한다. 그걸 제대로 공부해야 투자의 위험을 없앨 수 있고, 이 책을 쓴 것도 그런 이유에서다.

2018년부터 시작된 비트코인의 하락은 통화 유동성의 축소에서 비롯된다. 2018년 미국의 연방준비제도Fed는 네 번의 금리 인상을 예고한다. 그로 인해 시장에서 통화 유동성이 떨어지면서 비트코인은 물론 이머징 국가의 대표 격인 한국 주식은 코로나 이전까지 하락세가 이어졌다. 코스피KOSPI는 2019년이 돼서야 서서히 회복하는 모습을 보였다.

2017년에도 금리 인상으로 인한 유동성 축소는 있긴 했다. 연준은 1년에 네 번 정책금리를 어떻게 할 것인지 보여주는데, 연준의 가이드에서는 '계속적인' 금리 인상은 아니었다. 그러나 마지막 네 번째의 금리 인상이 기정사실화된 이후부터 시장은 하락이 시작되었다. 이머징 마켓emerging market과 비트코인 시장은 유동성 자산에 의해 움직여왔다는 것을 여실히 보여주는 대목이다.

이 책에서는 비트코인의 가격 상승 원인과 앞으로의 전망, 전체 자산 시장의 변화들을 다루었다. 비트코인 암호화폐만 살펴볼 것이 아니라 주식이나 다른 자산 시장과의 상관관계를 살펴볼 수 있도록 했다.

2020년 코로나 이후로 한국은 원화 강세를 맞이하고 있다. 한마디로 달러 약세의 시대에 놓였다는 이야기다. '달러 인덱스dollar index'라는 것이 있다. 세계 주요 6개국 통화 대비 미국 달러의 평균적인 가치를 나타내는 지표다. 달러 인덱스가 시작된 1973년 3월을 기준점 100으로 해서 달러가 강해지면 수치가 올라가고 달러가 약해지면 수치가 내려간다.

비트코인과 한국 증권 시장이 최고조에 이르던 2017년 말부터 2018년 초까지 달러 인덱스는 88로 저점을 찍었다. 이 글을 쓰고 있는 2021년 1월 1일에도 달러 인덱스는 90을 깨고 내려가 있다. 그리고 비트코인은 최고점을 다시 경신해 3,800만 원을 뚫었다. 이 책을 읽고 나면 비트코인과 한국 증시는 달러 약세일 때 상대적으로 가격이 오른다는 것을 알아차릴 수 있을 것이다. 달러 약세를 헤징하기 위해 이머징 마켓의 자산으로 수요가 몰리기 때문이다.

그러면 2021년은 달러가 강세로 갈 수 있을까? 코로나 백신이 나와 있는 상태이지만 예방 효과는 확실히 확보되지 않은 상태이고, 코로나로 인한 빈곤층 확대 등으로 결국 미국은 달러 유동성을 당장에 멈출 수는 없을 것이다.

또 한 가지 우리가 확인할 수 있는 사실은 2020년부터 2021년 현재까지 코로나로 힘든 상황이 계속돼도 돈을 벌고 부를 일구는 사람들을 볼 수 있다는 것이다. 언택트 시대에 잘 맞는 비즈니스를 하는 사람들뿐 아니라 자산 시장에서도 그 모습을 볼 수 있다. 이미 부동산과 주식 시장에서의 엄청난 상승으로 부자는 탄생했다.

미국의 유동성 확대는 돈의 가치를 끌어내리고 돈으로 투자하는 상품의 가격은 모두 끌어올린다. 여러분은 코로나로 인해 2020년 소비가 축소되고 자영업자가 어렵다는 이야기를 많이 접했을 것이다. 심지어 디플레이션 이야기도 나온다. 그런데도 명품 소비와 비싼 자동차 수요는 증가하고 있다.

우리나라에서 소비 변화 중 가장 눈여겨볼 것이 바로 명품과 그 랜저급 고급 세단의 판매량이다. 이 두 가지는 부동산을 제외하고 사람들이 돈을 벌면 소비하게 되는 가장 고가의 제품이다. 명품 가방과 고급 차는 부동산이나 주식이 상승하면 매출이 증가하는 품목이다.

2020년 코로나로 인한 내수 시장 소비 감소에도 불구하고 부동산의 가격 상승이 왔고, 자동차와 명품의 소비가 증가하는 현상이 온 것이다. 코로나 지원금 등으로 통화량이 증가하자 일어난 현상이다. 통화 유동성이 증가할 때 돈이 들어갈 수 있는 모든 자산의 가격이 올라간다. 이럴 때는 주식이든 부동산이든 비트코인이든 아무것도 투자하지 않는 분들은 손해를 보고 있다는 이야기가 된다.

만약 현금을 그대로 들고 있다면 손해를 보는 걸까? 한국 영화 중에 '지금은 맞고 그때는 틀리다'라는 제목이 있다. 이 말은 자산 시장에 가장 적합한 말이라고 나는 생각한다. 지금은 맞고 나중에는 결국 틀린 말이 될 테니까. 유동성이 늘었을 때는 적극적으로 투자에 뛰어드는 것이 맞다. 이럴 때는 자산 증식에 최선을 다해야 한다.

코로나가 종식될 즈음부터 미국의 연준과 각국의 중앙은행은 금리 상승을 준비하게 될 것이다. 그러면 우리는 자산 축소라는 상황을 대비해야 한다(이 대목에서 저를 미친 놈이라고 하는 분도 있겠지요?).

'연준, 2023년까지 제로 금리 유지 시사' 등의 기사를 많이 본 분들은 그럴 일 없다고 할 것이다. 어째서 일이 년 안에 금리가 오를 것이라고 장담하는지 궁금한 분들은 이 책을 계속 읽어주기 바란다.

여러분이 지금 현금이 많다면 아무런 투자를 하지 않아도 향후 3년 후에는 큰 기회를 맞이하게 될 것이다. 굳이 대출을 받아가며 리스크를 감수하고 투자를 진행할 필요는 없다. 그러나 거의 대부분의 한국인들은 빚이 많은 것이 사실이다. 여러분들이 안고 있는 부채를 최대한 줄이고 현금 확보가 가능하도록 노력해야 한다.

바이든 당선 이후 재무장관으로 발탁된 재닛 옐런에 대해 언론에서는 또다시 양적완화를 진행할 것으로 보는 시각이 지배적이다. 2009년 금융위기 이후 벤 버냉키 연준 의장 시절에 부의장을 하면서 양적완화를 단행했던 경험 때문이다. 하지만 2014년 연준 의장에 취임한 재닛 옐런이 2018년 초 퇴임하기 전까지 벤 버냉키가 풀어낸 양적완화를 다시 거두어들이는 형태의 금리 인상을 진행한 점을 잊지 말아야 한다. 이것은 이머징 국가에 상당 부분 위기를 가져오는 결과로 이어진다. 미국은 실업률이 4% 이하로 내려가면서 미국 경기가 회복되었다고 판단하면 금리를 다시 올리지만, 우리에게 그 파장은 크다. 낮은 대출이자로 한국으로 몰려왔던 자금은 다시 미국으로 유턴할 것이기 때문이다.

2021년 당장은 코로나 상황으로 인한 실물경제 붕괴로 유동성을 줄일 수 없는 상황이다. 그로 인해 자산의 상승은 이어질 수 있다. 비트코인은 물론 부동산, 금, 주식, 달러 등이 아직도 투자 적격기가 될 수 있지만, 주의점을 살펴가면서 투자 시장에 대응하길 바란다.

신의두뇌

3장

금, 달러, 주식, 그리고 비트코인 • 83

4장

글로벌 IT기업과 암호화폐 코인 • 131

5장
비트코인과 중앙은행 디지털화폐 • 187

1장
비트코인 버블은
터졌다?

1

역사상 중요한
두 번의 비트코인 급락

2009년 1월 3일 사토시 나카모토에 의해 최초의 블록이 생겨났다. 그 후 비트코인은 얼마 동안 암호학을 아는 극소수에 한해 채굴됐다. 비트코인의 모든 거래가 기록되어 있는 분산형 원장인 블록체인Blockchain에 거래 기록을 추가하는 과정을 채굴mining이라고 하는데, 이는 금광에서 금을 캐는 것에 비유해서 생겨난 표현이다.

2010년 5월에는 세계 최초로 비트코인에 의한 실물 구매가 이루어졌다. 라슬로 하네크라는 사람이 비트코인포럼이라는 커뮤니티에 자신에게 큰 피자 두 판을 보내주면 1만BTC(비트코인)을 주겠다고 한 것이다. 며칠 뒤 그에게 피자가 배달됐고 라슬로 하네크는 1만BTC를 지급했다. 당시 1만BTC의 가치는 41달러로 평가됐다. 즉 1BTC는 0.0041달러였다.

비트코인 거래소는 미국의 한 개발자가 만들었다. 그런데 미국은 개인투자자가 손쉽게 달러로 비트코인을 구매할 수 있는 건 아니다. 개인투자자가 거래소에 계정을 만들 수는 있지만, 그 과정은 복잡하며 규제가 있어 거래자들에게 요구되는 규정을 준수해야 한다. 한마디로 라이선스가 없으면 거래를 할 수 없다. 그러다 보니 거래소는 만들었지만 운영이 어려웠다. 그래서 이 거래소는 일본 도쿄에 거주하는 프랑스인에게 넘어갔다.

2020년 12월 1일 비트코인은 2,200만 원(1만 9,850달러)을 기록하며 3년 만에 전고점을 돌파했다. 전고점이었던 2017년 말 2018년 초의 가격 급등과 급락이 있었을 때 "역대 가장 큰 버블이 꺼지고 있다" "비트코인은 끝났다"라고 발언한 국내외 인물들이 있었다. 비트코인 버블이 꺼졌다고 평가된 역사상 몇 번의 급락이 있었지만, 비트코인은 하나의 자산 시장을 형성하며 살아남았다.

마운트곡스로 인한 2014년의 급락

◇◇◇◇◇◇

2010년 7월 P2P 거래사이트 당나귀eDonkey의 개발자인 제드 맥케일럽이 비트코인 거래소 마운트곡스Mt. Gox를 오픈했다. 그러나 그는 2011년 도쿄에 거주하는 프랑스인 마크 카펠레스에게 거래소를 넘겼고, 이후 리플 CTO(최고기술책임자)가 되었으며, 리플XRP에서 하드포크한 스텔라루멘XLM을 만들었다.

2011년 비트코인 가격은 처음으로 1BTC가 1달러를 돌파했다. 마운트곡스는 도쿄에 있었지만 당시 일본인들은 비트코인에 대해 잘 몰랐고, 투자자들은 주로 미국인과 유럽인들이었다. 일본에서는 규제 없이 달러를 엔화로 바꾼 다음 개인투자자들이 직접 비트코인 거래를 할 수 있었기 때문에 거래량이 점점 늘었다. 금융법에서는 당시 미국보다는 법망이 자유로웠던 것이다.

2013년 말에 회원수가 100만 명에 이르렀다는 이야기가 나돌던 마운트곡스는 2014년 2월 CEO 마크 카펠레스가 체포되는 사건이 발생하면서 폐쇄된다. CEO는 해킹으로 85만 개의 비트코인을 도난당했다는 사실을 느닷없이 공식 발표했고, 이용자들은 충격에 빠진다. 금융에서 가장 기본적으로 지켜져야 할 보안을 적극적으로 개선하지 않았다는 것이 알려졌고, 2014년 초 1,000달러 근처에서 거래되던 비트코인 가격은 1년 후인 2015년 초 177달러까지 떨어진다.

마운트곡스는 도쿄지방법원에 파산 신청을 했는데, 많은 사람들이 집단소송을 준비했고 일부는 해외에서 일본 본사까지 찾아와 시위를 벌이기도 했다. 여러 언론사들은 드디어 비트코인의 거품이 터졌다며 비트코인의 마지막 해라고 주장하기도 했다. 한동안 비트코인은 쉽게 가격을 회복하지 못하며 3년간 힘겨워하다가 2016년 12월 말 900달러를 넘으며 건재함을 보여주었다. 비트코인 거래소 최초의 대규모 해킹 사건은 이후에 소송 과정에서 석연치 않은 정황들이 포착되면서 자금 횡령과 데이터 변조 등의 혐의로 2018년 12월 마크 카펠레스에게 징역 10년형이 구형된 상태다.

2018년의 비트코인 80% 급락

◇◇◇◇◇

어떤 자산도 오르기만 하거나 내리기만 하는 경우는 없다. 비트코인 역시 폭등과 폭락을 거치면서 살아남았다. 우리나라에서는 2017년 말의 급등과 2018년의 급락을 통해 비트코인이 대중적으로 알려졌다.

비트코인은 2017년 초 100만 원에서 8월에는 500만 원을 뚫고 12월에는 2,000만 원을 넘어섰다. 이더리움ETH은 2017년 초 1만 원에서 2018년 1월에는 230만 원을 넘어서 200배가 넘는 급등세를 보였다. 암호화폐 정보 사이트 코인힐스의 자료에 따르면, 당시 전 세계 비트코인 거래에서 한국 원화가 차지하는 비중이 12.3%였다. 일본 엔화 40%, 미국 달러화 36.4%에 이은 세 번째였다. 만약 이더리움, 비트코인캐시, 리플 등으로 범위를 넓히면 원화 비중은 전 세계 암호화폐 거래의 20%로 늘어나는 상황이었다.

《블룸버그》는 한국의 암호화폐 투기 열풍을 '폭발 지점ground zero'이라고 평가하기도 했다. 전 세계에서 24시간 거래되는 비트코인의 가격은 한국 시장에서만 형성되는 건 아니지만, 한국 거래소에서 유난히 가격이 높았다. 한국에서만 유독 30~60%가량 높은 가격 때문에 '김치 프리미엄'이라는 말이 유행하기도 했다. 예를 들어 미국에서 비트코인이 1천만 원이라면 한국에서는 1,600만 원에 거래되었다.

이런 상황이 가능했던 이유는 정부가 만들어놓은 테두리가 없었기 때문이다. 당시만 해도 블록체인 기술에 대한 이해도가 부족했고, 비트코인과 같은 암호화폐를 '화폐'로 볼 수 있는 것인지에 대한 논란이 끊이지 않았다. 박상기 법무부 장관은 모든 거래소를 폐쇄할 것을 주장했고, 최종구 금융위원장은 암호화폐는 폰지 사기라며 절대 허가하지 않겠다고 말하기도 했다. 반대하는 입장에서는 익명성과 변동성을 문제 삼았고, 버블은 꺼질 것이며 비트코인의 가치는 결국 0이 될 것이라는 이야기도 했다.

결국 기업은행, 우리은행 등이 가상계좌 신규 발급을 중지했고, 거래 실명제, 미성년자와 외국인의 거래 금지, 투자수익 과세 등이 검토되었다. 정부는 거래소 폐쇄는 당장 염두에 두고 있지 않지만 투기억제책은 남겨둔다고 밝혔다. 일련의 과정에서 2018년 1월 한때 2,500만 원까지 올라갔던 비트코인은 2019년 1월 380만 원까지 떨어졌다.

2018년 5월에는 대법원에서 "비트코인의 재산상 가치가 인정되며 몰수할 수 있다"라는 판결이 나왔다. 또 한국은행이 발행한 『암호자산과 중앙은행』을 보면, 분산원장과 암호화 기술에 기반한 비트코인과 1,600여 종의 신종 코인들에 대해 화폐를 대체할 가능성은 극히 낮지만, 관련 시장이 커질 경우 지급 수단으로 확산되는지 여부를 모니터링하면서 중앙은행 디지털화폐CBDC, Central Bank Digital Currency에 대해 연구해야 한다고 이야기하고 있다.

문제는 ICO 버블이다
◇◇◇◇◇

2017년 말 2018년 초의 비트코인 상승장을 버블이라고 말하는 사람들은 당시 암호화폐가 실체도 없이 가격이 형성되는 것으로 보였을 것이다. 블록체인 기술도 딱히 쓰이는 데가 없지 않느냐고 생각했을지 모른다.

반면 대중이 보기에는 무엇보다 비트코인이나 이더리움의 엄청 난 가격 상승이 눈에 들어왔을 것이다. 그러나 정확히 말하자면 당 시의 버블은 비트코인 가격 버블이라기보다는 ICO 버블이 문제였 지 않나 생각한다.

비트코인은 전 세계에서 24시간 쉬지 않고 거래된다. 한국이나 중국에서만 개인투자자들이 급락의 피해를 겪은 것을 역대 경제 버블과 비교하며 비트코인의 존재를 부정하는 것은 무리가 있는 설명이라고 생각한다. 물론 화폐의 가격 변동성을 문제로 삼는 것 은 일리 있는 지적이지만 버블을 논하기에는 다소 무리가 있다.

당시 한국 시장에서는 가이드라인이 없는 환경에서 개인투자 자들이 ICO(초기코인공개) 사기 피해를 겪는 일이 많았다. ICO는 IPO(주식공개모집)에 비견해서 일컫는 말로, 크라우드펀딩으로 일 반인들에게 암호화폐 코인의 컨셉, 운영방식 등을 담은 백서white paper를 공개하고 초기 투자자를 모집하는 과정을 말한다.

당시 말도 안 되는 실효성 없는 프로젝트를 만들어서 1,000억 원대의 자금을 다단계로 모집한 경우도 있었다. 미국은 블록체인 에 대해서 체계화해 놓은 건 아니지만 ICO를 하더라도 자금세탁 방지법 등으로 사기 칠 수 없도록 규제의 테두리가 있었다. 자금을 모으면서 정부 당국의 승인이 없거나 테두리를 벗어나면 사기로 규정을 해놨기 때문에 피해가 거의 없었다.

2019년 1월 금융위원회에 올라온 보도자료를 보면, 2017년 하 반기 이후 진행된 22개 기업에 대한 ICO 실태조사가 있다. ICO

총 규모는 약 5,664억 원, 1개사 평균 330억 원이라고 돼 있다. 그런데 나는 ICO로 인한 개인투자자들의 피해가 그 이상이 될 수도 있다고 생각한다. 이 중에는 거래소에서 거래가 되고 있더라도 실제로는 프로젝트를 안 하는 곳도 있다. 아직 문제가 터지지 않았을 뿐 잠정적으로 사기가 될 확률이 높다. 이런 걸 생각하면 기존 금융기관이나 주류 경제학자들이 암호화폐는 버블이라며 곧 터질 것이라고 할 만도 했다. 다만 아쉬운 점은 정부 가이드 없이 그런 극단적인 발언으로 비트코인, 이더리움 같은 펀더멘털이 좋았던 암호화폐의 투자자들까지 가격이 무너지는 피해를 보게 만드는 것은 과했다고 생각한다. 비트코인은 이후 가격이 80% 이상 떨어졌지만 2020년 다시 전고점을 경신했다. 이런 걸 버블이 터졌다고 말할 수는 없다.

2021년 3월부터 시행한다는 '특정 금융거래정보의 보고 및 이용 등에 관한 법률(일명 특금법)' 개정안이 나오고, 2022년 1월부터는 세금을 부과한다고 하는 걸 보면 비트코인 등 암호화폐가 자산시장으로 편입되는 모양새다. 규제법이 적용되면 정부 가이드대로 일을 할 수 있는 곳인지 아닌지에 따라 코인의 존속 여부도 갈릴 것이다. 정부 가이드가 본격화되면 수면 위로 드러나고 걸러질 일에 대해 투자자들도 대비해야 할 것이다.

2

금융 버블은
어떻게 터질까

인간은 자신이 경험한 것만 믿는 경향이 있다. 17세기 말 유럽인들은 '백조'라고 하면 '흰색'만을 떠올렸다. 그런데 호주를 처음 방문했던 유럽인들이 그곳에서 처음으로 검은색 백조를 봤다. 이후 본국으로 돌아간 유럽인들이 검은색 백조가 있다고 말했는데 아무도 그걸 믿지 않았다.

발생할 가능성이 거의 없어 보였던 상황이 실제로 발생해 충격적인 파급 효과를 주는 사건을 '블랙 스완black swan'이라고 한다. 2020년 코로나19의 세계적 대유행, 2008년 서브프라임 모기지 사태로 인한 미국 투자은행IB들의 줄파산 등은 블랙 스완의 대표적인 사례로 꼽힌다.

금융 시장에서 버블은 위기이기도 하면서 기회다. 블랙 스완의 출현을 직전에라도 감지한다면 손해를 줄일 수 있고, 가격이 급락하더라도 그때를 매수 시점으로 하면 가격이 반등한 후에 수익을 볼 수 있다. 우리나라도 1997년 정부가 IMF에 구제금융을 요청했던 외환위기 후에 주식이나 부동산에서 신흥 부자가 탄생했던 전례가 있다.

역사적으로 금융 버블은 은행, 금융사가 시장에 들어오고 가격이 급등했으며 정부 기관의 개입으로 진압이 되는 수순을 밟는다. 그런 의미에서 2018년의 비트코인 폭락은 버블이 터진 것이라고 보기 힘들다. 비트코인 버블이 터졌으니 암호화폐는 끝났다고 하는 사람들도 있었지만, 제도화된 시장이 아직 형성되지도 않은 상태에서 개인 간의 거래가 주를 이루었던 시장을 실질적인 금융 버블이라고 논하기에는 무리가 있다.

대표적인 금융 버블로 손꼽히는 튤립 파동, 대공황 전의 버블, 서브프라임 모기지 등은 모두 역사적 배경에 금융권의 투자 확대가 있었다.

세계 최초의 버블, 17세기 튤립 파동

◇◇◇◇◇

17세기 네덜란드는 금융의 중심지였다. 세계 최초로 증권거래소를 만든 나라가 바로 네덜란드다. 당시 종교적 박해를 피해 암스테르담으로 모여들었던 유대인들은 막대한 자금으로 금융업에 뛰어들었다. 그들은 은행과 증권거래소를 세우고 실물 상품, 주식, 외환, 신용대출까지 취급했다. 네덜란드는 신대륙에서 지속적으로 은이 공급되던 시기여서 인플레이션이 심각했고, 자산을 가지고만 있으면 그 가치가 떨어진다고 생각해서 다들 투자할 곳을 찾고 있었다.

중앙아시아 오스만제국에서 유럽으로 넘어왔던 튤립은 당시 네덜란드에서 선풍적인 인기를 끌었는데, 튤립 품종을 다양하게 개종해 2,000종 이상이 있었다고 한다. 애호가들 사이에서 귀한 품종의 튤립 구근은 비싸게 팔리고 있었다. 단기간에 재배하기 어려운 튤립은 금세 품귀 현상을 일으켰고 가격이 급속도로 상승하자 사람들은 이를 이용한 투자에 주목했다. 특정 품종은 구근 하나에 당시 유복한 상인의 1년치 수입에 달했다고 하니, 지금의 체감으로 1억 원 정도 된다고 보면 될 것 같다.

나중에는 농민과 서민들도 투자에 동참하면서 저렴했던 튤립 품종의 구근 가격까지 상승하면서 선물거래와 어음이 등장하고 매매계약서가 주식처럼 거래되었다고 한다. 이런 거래들이 거래소가 아닌 술집에서 이뤄졌다고 하는데, 나중엔 누가 누구의 튤립을 사는지도 모르는 상황에 다다랐다. 구근의 가격은 형성돼 있는데 거래가 없다는 인식이 퍼지자 어음이 부도나고 줄줄이 소송이 이어지고 지불 능력이 없는 채무자들이 도주하는 등 순식간에 네덜란드는 혼란 상황에 빠졌다.

그 바람에 버블은 순식간에 꺼져 몇달 만에 90%가 넘는 하락률을 보였다. 의회는 직접 조사에 나서고 법원은 튤립의 재산 가치를 인정할 수 없다고 판결함으로써 이전의 계약서는 모두 무효가 됐다.

대공황 직전 1920년대의 주식 버블

◇◇◇◇◇

1차 세계대전으로 최대 채권국이 된 1920년대의 미국은 엄청난 부를 거머쥐게 된다. 10년간 주가가 상승했기 때문에 사람들은 '주식은 사면 반드시 오른다'라고 생각하게 되었고, 너도나도 빚을 내서 주식을 샀다. 지금 적자를 내는 기업도 언젠가는 엄청난 흑자를 낼 것이라고 기대했고, 증권사들은 지점을 늘려 개인투자자들을 끌어들여 투자자금을 대출해 주었다.

그러나 1929년 10월 '검은 목요일'이라 불리는 주식 시장 붕괴가 찾아왔다. 시가총액 상위권에 있던 기업들도 95% 이상 폭락하는 일이 흔했다. 기업은 물론 월가의 은행과 금융업체들도 줄줄이 도산했으며 결국 1930년대의 대공황으로 이어졌다.

당시 미국의 루스벨트 대통령은 사회주의 계획경제에서 차용한 뉴딜 정책을 통해 4%에서 25%로 상승한 실업률을 해결하려고 했다. 이후 화폐 공급량, 물가상승률 등의 경제 지표에 관한 통제와 관리는 연방정부의 중요한 업무가 되었다. 그때 만든 연방 예금보험공사, 사회보장법, 증권거래위원회SEC 등은 아직까지 유지되고 있다.

1920년대의 미국 증시 버블은 전시 상황으로 설명할 수 있다. 과잉생산, 증시 과열, 기업과 은행의 줄도산에 따른 경제 불황이 주요 골자다. 미국은 1차, 2차 세계대전을 통틀어 본토가 전쟁에 휩쓸리지 않은 유일한 강대국이다. 미국은 전쟁 물자를 보급하기 위해 열두 살짜리 아이들까지 동원해 공장에서 14~15시간 노동을 했다는 이야기도 있다. 그만큼 많은 사람들이 취업하고 많은 공장들이 증설됐다. 그런데 전쟁이 끝나고 과잉생산된 물자들을 사줄 데가 없어지자 사람들은 실업으로 내몰렸다.

금융 버블의 붕괴에는 그 배경에 과도한 신용 팽창과 늘어난 유동성 공급, 민간대출의 증가, 정부의 재정정책 등이 항상 들어가 있다.

2008년 서브프라임 모기지 사태

◇◇◇◇◇

미국에서 서브프라임subprime은 최하위 신용등급으로 원래는 쉽게 대출받을 수 없는 등급이다. 그런데 2001~2006년 미국의 저금리 정책으로 주택 가격이 계속 상승하자 서브프라임 등급의 사람들에게도 주택담보대출을 해주기 시작했다. 이것이 서브프라임 모기지론(비우량 주택담보대출)이다.

집값이 계속 상승한다는 믿음하에 서브프라임 모기지론은 파생상품으로 만들어졌고, 모기지론으로 빌려간 돈을 받을 수 있는 권리는 증권화돼 전 세계에 판매됐다. 노르웨이, 아이슬란드, 사우디아라비아 등이 여기에 투자했다.

그런데 집값이 계속 오를 것이라는 기대감에 금융권은 대출로 집을 샀던 사람들에게 집값이 상승한 금액만큼 또 담보대출을 해주었다. 그렇게 대출 규모가 커지다가 미국의 저금리 정책이 끝나고 부동산 버블이 꺼지자 저소득 대출자들이 원리금을 갚지 못해 대형 금융사, 증권사들까지 대출금 회수불능 상태에 빠져버렸다. 당시 투자은행 업계 3위 메릴린치, 4위 리먼브라더스, 5위 베어스턴스가 그렇게 모두 문을 닫았다.

버블이 터지기 직전 블랙스완을 인지한 골드만삭스는 위기를 모면했다. 막판에 파생금융상품을 최대한 팔아치웠던 골드만삭스는 살아남았고, 주택시장은 앞으로도 호황일 것이며 서브프라임 모기지 채권은 안전할 것이라는 믿음을 지속했던 리먼브라더스는 그 물량을 소화하고 곧 파산해 버렸다. 미국 투자은행들의 파산으로 인한 금융위기는 전 세계로 일파만파 퍼져갔고, 미국 실업률은 10%까지 치솟았다.

2009년 1월 미국 대통령에 취임한 오바마는 대공황 연구 권위자인 벤 버냉키를 연방준비제도(Fed) 의장으로 지명했고, 연방준비제도는 기준금리를 0~0.25%로 낮추고 돈을 무제한으로 푸는 양적완화QE를 단행했다. 사상 최초의 제로 금리 정책이었다. 양적완화란 금리 인하를 통해 경기 부양을 꾀하고, 중앙은행이 돈을 찍어내 국채를 매입함으로써 통화 유동성을 높이는 일련의 정책을 말한다.

3

미국 주식 시장이
절대 망하지 않는 이유

우리나라 주식 투자 전문가들 중에는 단타를 많이 치는 한국인의
투자 행태가 잘못됐다며 미국처럼 장기 투자를 해야 한다고 주장
하는 사람들이 있다. 그런 분들의 이력을 살펴보면 미국에서 오랜
기간 체류한 경험이 있는 경우가 있다. 그런데 미국인과 한국인의
투자 스타일이 어느 쪽이 좋다 나쁘다 말할 수 있는 건 아니라고
생각한다. 배경을 보지 않으면 그저 미국이 하니까 그게 무조건 옳
은 것이라는 얘기가 될 수 있다.

미국에서 회사를 다니는 사람들은 연금을 통해서 무조건 일정
부분 의지와 상관없이 주식을 사게 된다. 또 미국 가계는 주식을
저축 수단처럼 보유하고 있는 경우가 많다. 미국의 주가는 소비심
리와 같은 방향으로 움직이는데, 주가가 하락하면 소비가 위축되
면서 경제가 침체 국면에 접어들기 때문에 미국의 대통령은 주가

에 항상 신경 쓴다. 트럼프 대통령은 "내가 대통령이 된 후 다우지수는 43%, 나스닥지수는 50% 올랐다. 앞으로 계속 오를 테니 여러분의 401K(퇴직연금)엔 대단한 뉴스다"라는 식의 말을 자주 했다. 재선을 위한 선거 운동을 할 때도 401K가 크게 올라 자신에게 투표할 것이라는 유권자 발언을 인용하기도 했다.

우리나라에서는 부동산에 노후가 달려 있는 것과 다르게, 미국 국민들의 노후는 주식에 달려 있다. 미국에서는 확정기여형 퇴직연금 401K에 꾸준히 불입한 결과 은퇴할 때 10억 원 넘게 수령하는 사례가 다수 나와 '백만 달러 만들기' 열풍이 불기도 했다.

대선 전 주가가 떨어지면 재선에 실패한다

◇◇◇◇◇

미국 대통령의 임기는 4년이고, 3선은 금지돼 있지만 중임은 가능하다. 역대 미국 대통령들을 살펴보면 주가만 떨어지지 않게 관리해 주면 재선에는 문제가 없었다. 대선 전 마지막 한 달 동안 주가가 떨어진 대통령이 재선에 성공한 사례는 없다.

2차 세계대전 이후 여덟 명의 현직 미국 대통령이 재선되어 두 번째 임기를 마친 반면, 세 명의 현직 대통령이 재선에 실패했다. 제럴드 포드, 지미 카터, 조지 H. W. 부시(아버지 부시)가 그들이다. 그들의 공통점은 대통령 선거 전 막바지에 주가를 끌어올리지 못했다는 것이다. 조지 H. W. 부시는 인기가 높은 대통령이었는데도 걸프전으로 주가를 반 토막 내고 재선에 실패했다. 그를 저지하고 대통령에 당선된 빌 클린턴은 선거전에서 지금도 회자되는 유명한 말을 남겼다. "바보야, 문제는 경제야 It's economy, stupid."

미국은 주식의 나라요, 자본주의의 나라다. 연금과 관련된 주식들만 떨어지지 않으면 국민의 삶은 보장된다. 예를 들어 퇴직연금에 월 100만 원씩만 넣었어도 주식이 열 배 오르면 1천만 원만큼의 연금 혜택을 받아 노후를 안정화할 수 있다.

2020년 도널드 트럼프 대통령의 재선에 대해 설왕설래가 많았지만 예측하기 힘들었던 이유는 코로나19라는, 전쟁에 상응하는 변수가 생겼기 때문이다. 2020년 미국 대통령 선거에서는 한 달 전까지는 주가가 많이 올랐지만 마지막 한 달 동안은 보합세였다.

우리나라는 주식 투자에 대해 미국처럼 우호적인 환경이 아니다. 최근 들어서는 이미지가 많이 바뀌고 있지만 돈놀이, 투기 등의 이미지가 아직까지 존재한다. 주가가 많이 올라도 인터넷 댓글에는 부정적인 댓글이 많이 보인다. 그러나 미국에서 주식은 절대 '폭망'하지 않는다. 마치 우리나라 부동산이 매번 전고점을 넘어서 고가를 경신하는 것과 마찬가지다. 미국에서는 주식을 오래 보유할수록 오른다는 말이 맞다. 국민들이 직접적으로 혹은 간접적으로 연금을 통해 주식 투자에 노후를 맡기기 때문에 정부 정책도 주식 시장에 초점이 맞춰져 있다. 이런 환경을 알고 투자하는 것과 모르고 투자하는 것은 다를 수밖에 없다.

미국의 나스닥 지수를 보면 금융위기가 와서 급락했던 구간이 있긴 하지만 결국엔 장기적으로 우상향하는 그래프를 그린다. 우리나라 부동산 시장과 비교해 보면 2008년 서브프라임 모기지 사태에 따른 금융위기로 인해 부동산 가격이 급락했지만, 금방 최고점을 넘어서 고점을 경신했던 것과 같다. 당시 정부가 특별한 능력

그림 1 나스닥 지수(1985~2020년)

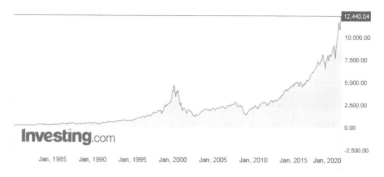

을 발휘해서 그런 것이 아니다. 그 나라 국민들의 노후가 어디에
초점을 맞추고 있는지에 따라 나타나는 현상이다.

미국의 양적완화에 따른 비트코인 전망

◇◇◇◇◇

닉슨 대통령이 1971년 미국 달러와 금 사이의 태환 제도를 일
방적으로 폐지하고 나서 50년 정도의 세월이 흘렀다. 금태환제 폐
지를 선언한 이후의 미국 달러에는 달러를 들고 오면 금을 내주겠
다는 문구가 사라진다. 금태환제는 당시 미국이 세계 금 보유량의
80%를 가지고 있었기 때문에 가능했던 체제다.

금태환제는 달러와 금의 교환 비율이 1온스당 35달러로 정해진,
사실상 고정환율을 유지하는 체제였다. 금은 공급량이 제한돼 있
어 통화량을 늘리는 데는 근본적인 한계가 있다. 화폐 공급량이 늘
어야 경제도 성장한다고 믿는 쪽에서는 금태환제를 폐지함으로써
달러의 통화량을 늘릴 수 있게 되었다. 아무런 가치를 보증하지 않

는 미국 달러를 기축으로 유지한 채 외환 시장의 수급에 의해 환율이 변동되는 신용화폐 제도가 시작된 것이다.

그런데 무제한으로 달러를 찍어내다가는 통화 가치가 하락해 하루가 다르게 물가가 상승하는 하이퍼인플레이션이 올 수 있으므로 미국에서도 시장에 풀리는 통화량을 조절해야 한다. 달러는 계속 찍어내면서도 시중에 풀리는 통화량은 조금씩만 늘도록 하려면 찍어낸 돈을 어딘가에 묶어놓으면 된다. 통화량을 묶어놓은 만큼 물가 상승률은 적어지기 때문에 화폐를 찍어내는 입장에서는 편리한 방법이 된다. 그래서 신용화폐 제도에서는 부동산 또는 주식이라는 자산 시장이 빠르게 커진다. 이런 이유로 통화량을 늘리는 양적완화 이후에는 미국의 주가가 오를 수밖에 없다.

2020년 대통령 선거 이후 당선 확정된 조 바이든은 재무장관으로 재닛 옐런 전 연방준비제도 의장을 지명했다. 재닛 옐런은 2008년 금융위기를 극복하기 위해 무제한 양적완화로 달러를 무지하게 찍어내던 벤 버냉키 연방준비제도 의장 시절에 부의장으로 재직했던 사람이다. 이후 그녀는 최초의 부의장 출신 의장이 되었는데, 기본적으로는 경기부양 정책을 유지했다. 코로나19 발생 이후에 재무장관이 된 상황이라 초반에는 돈을 뿌리는 정책을 무조건 유지할 것으로 전망된다. 코로나19로 경기침체에 빠진 경제를 구해야 하기 때문이다.

이런 상황에서 2021년 비트코인의 가격 상승이 더 기대가 되고 있다. 이미 2020년에 양적완화로 많은 돈이 주식 시장으로 흘러들어 왔다. 양적완화는 신용화폐 제도에서 자산 시장으로 계속 돈이 들어갈 수 있는 루트가 된다. 미국 달러는 무역 시장에서 결제로 쓰이기에 기축통화가 되는 것이지만, 현재는 무역 시장보다 주식 시장이 더 커져 있다. 2008년 이후로 달러 위기설은 계속해서 거론되어 왔지만, 암호화폐가 등장하고 CBDC가 등장하면서 달러의 위기는 뒤로 더 늦춰질 것이다. 돈이 흘러 들어갈 자산 시장이 늘어났기 때문이다.

2020년 양적완화로 주식 시장에 이미 버블이 와 있는 상황으로 판단된다면 계속 주식 시장에 통화량을 넣기에는 부담스러운 상황이 된다. 현재로선 인플레이션 위험을 피하기 위해 또 다른 대안 시장으로 생각해 볼 수 있는 것이 비트코인이다. 바이든 대통령 당선인이 암호화폐에 우호적인 인사들을 경제팀에 포진시킨 점도 호재로 꼽힌다. 지금은 2018년의 비트코인 폭락장과는 또 다른 상황에 놓여 있다. 암호화폐가 제도권으로 편입될 가능성은 점점 커졌다. 기관투자자들의 시선과 분위기도 달라졌다. JP모건은 미국 달러화와 1대 1 비율로 교환이 가능한 디지털화폐를 개발하겠다고 선언했으며, 비트코인의 장기적 상승 여력을 충분하다고 평가했다.

4

비트코인 버블은
시작도 되지 않았다

2017년 비트코인 상승장 이후에 비트코인은 거품이며 곧 꺼질 것
이라고 비난했던 사람들이 많았다.

미국 투자은행 JP 모건의 제이미 다이먼 회장은 "비트코인은 사기
다. 마치 네덜란드에서 일어났던 튤립 파동을 보는 것 같다"라고
했다. 그러나 몇달 후 2018년에는 그 말을 후회한다며 말을 번복
했고, 2020년에는 JPM코인이라는 암호화폐를 만들었다.

  부유층의 자산관리로 업계 1위에 꼽히는 크리에이티브 플래닝
의 피터 말루크 회장은 "암호화폐는 실패로 끝날 것이다. 비트코인
투자는 젊은 층이 부를 축적할 방법이 아니다. 암호화폐들은 일반
화폐를 대체할 수 없기 때문에 결국 몰락하게 돼 있다"라고 말했
다. 그런데 이러한 주장이 지금은 얄팍한 연구에 따른 현저히 낮은
이해도를 보여주는 발언이라고 비난받고 있다. 암호화폐의 고유한

가치를 화폐로만 두었기 때문에 나온 발언이며, 소액 결제를 포함한 간단한 결제에서 글로벌 리스크 헤징까지 그 쓰임을 들여다보지 못한 결과라는 것이다.

우리나라에도 비트코인 버블이 터질 것이라고 발언했던 사람들이 있다. 그러나 관련 산업과 빠르게 변화하는 환경을 인지하지 못하면 우리는 언제든지 도태되고 위험해질 수 있다. 갈라파고스처럼 점점 고립화되고 있는 일본처럼 말이다. 그리고 역사적으로 금융 버블 중에 투자은행 같은 기관들이 시장에 들어오지 않았는데 버블이라고 공식적으로 이야기된 것은 없다.

제도권 안으로 진입하는 비트코인

◇◇◇◇◇

미국 나스닥 상장사이며 엔터프라이즈 모바일 소프트웨어 전문기업인 마이크로스트레티지는 2020년 8월, 3천억 원 규모의 비트코인을 매입했다. 투자 포트폴리오 전략에 의한 매입이라고 하는데, 나스닥 상장사가 비트코인을 매입한 것은 처음이었다. 이 회사 CEO는 "비트코인은 신뢰할 수 있는 가치 저장수단으로, 장기적 관점에서 현금을 보유하는 것보다 매력적이다"라고 말했다. 그는 비트코인을 글로벌 금융 시스템의 중요한 옵션으로 평가하며, 세계적인 수용성, 활발한 생태계, 기술적 효용성, 네트워크 우위성 등을 뛰어난 장점으로 꼽았다.

2013년에 설립된 미국의 암호화폐 신탁펀드 투자회사인 그레이스케일Grayscale은 비트코인 암호화폐만 전문으로 운영하는 자산운용사 1호다. 현재 비트코인 총 보유량 56만 개로 비트코인 시장에서 독보적인 투자 실적과 투자 자금을 가지고 있다. 뱅가드, 블랙록, 골드만삭스, JP모건 등의 자산운용사 이름은 많이 들어봤겠지만, 비트코인 자산운용사가 있다는 사실은 모르는 사람이 많을 것이다. 제도권 내의 금융 시장에서 투자되는 자금에 비하면 미미하게 보이겠지만, 이 회사에 투자하고 있는 기업들의 면면을 살펴보면 놀랄 것이다. 바로 블랙록, 뱅가드, 골드만삭스, JP모건 등의 기업들이 직간접적으로 그레이스케일을 통해 비트코인 시장에 투자를 진행하고 있기 때문이다. 그레이스케일은 기관투자자를 주 고객으로 하는 운용사이다 보니 이런 기업들과 여러모로 투자 포트폴리오를 공유하거나 대리투자를 진행하고 있는 것이다.

2019년 2월에는 미국 최고의 학군으로 불리는 버지니아주 페어팩스에서 경찰공무원연금기금과 공무원연금기금이 투자해 4천만 달러 규모의 암호화폐 벤처펀드가 설립되었다. 미국 공적연금으로서는 첫 암호화폐 시장 투자였다.

비트웨이지Bitwage는 회사원, 프리랜서 등의 급여를 암호화폐로 받을 수 있는 서비스를 제공하는 회사다. 2020년 5월 비트웨이지는 미국의 퇴직연금 401K 제도를 통해 비트코인에 투자할 수 있는 서비스 '비트코인 401K'를 선보였다. 401K는 회사가 일정량의 퇴직금을 계좌에 적립해 주면 근로자가 직접 관리하는 방식으로 운용된다. 미국 연방중소기업청은 코로나19 대응을 위한 경기부양 정책 중 하나로, 중소기업에 고용 유지를 조건으로 긴급자금을 대출해 줬다. 이 대출금은 8주 안에 75%를 직원 급여로 사용하면 전액 탕감받을 수 있는데, 여기에는 퇴직금도 포함된다. 이로써 비트웨이지의 '비트코인 401K'는 더욱 주목받았다.

또 암호화폐 투자자문사인 디지털 애셋 인베스트먼트 매니지먼트DAiM도 비트코인을 포트폴리오에 포함하는 401K 은퇴상품을 출시했다.

영국의 자산운용사 러퍼 인베스트먼트Ruffer Investment는 운영 자산만 30조 원가량인 상당히 규모가 큰 기업이다. 이미 비트코인 투자를 하고 있었던 이 회사는 2020년 12월 보유물량을 90% 더 늘려 운용자산 자금 중 약 2.5%인 5억 파운드(약 7,500억 원)를 비트코인에 투자하고 있다. 향후 비트코인 투자는 지속적으로 늘릴 계획이라고 한다.

한국과 달리 미국인의 퇴직연금은 주식에 투자되는 비중이 꽤 높다. 그래서 미국 정부는 주가를 계속 상향시키는 정책을 펼 수밖에 없다. 이제 비트코인이 퇴직연금 포트폴리오에 들어갔으니 미국 국민들의 삶과 노후에 비트코인은 이미 깊숙이 들어와 있는 상황이다. 이제 비트코인은 기존의 주식 시장처럼 안정적인 시장으로 편입될 확률이 엄청나게 높아진 시점이다.

비트코인과 암호화폐는 2021년에도 상향할 전망이다. 은행이나 투자은행이 금융상품으로 만들어 기업 투자가 이루어지고 정부가 마련한 제도 안에서 성장하다가 그 다음에 버블이 형성되고 터지는 것이 금융 버블의 수순이다. 2018년 비트코인 버블이 터질 것이라고 말하는 사람이 많았지만, 그렇지 않다. 비트코인 버블은 아직 시작되지 않았다. 진짜 버블은 이제부터 시작이다.

그들이 비트코인을 싫어했던 이유

◇◇◇◇◇

마스터카드의 CEO 아제이 방가는 "암호화폐는 쓰레기다" 같은 말을 서슴지 않았다. 변동성과 익명성 때문에 교환 수단으로 볼 수 없다는 것이다. 기존의 금융권이 비트코인을 부정적으로 보았던 배경을 살펴보면 그들의 반발심을 짐작할 수 있다.

수수료를 무료로 하면서 고객을 유치하는 증권사를 보면 도대체 어떻게 돈을 버는 것인지 모르겠다는 사람들이 있다. 우리가 증권사에서 주식을 팔면 그 돈을 바로 가져갈 수가 없다. 이틀 후에나 돈을 찾을 수 있는데, 그렇게 돈이 묶여 있는 동안 증권사는 수수료를 무료로 해도 이자수익을 가져갈 수 있다. 그런데 그렇게 묶이는 돈이 하루에도 8조~30조 원에 달한다. 증권사가 가져가는 이자수익은 결코 적은 돈이 아니다.

코로나19로 집에 있는 시간이 늘면서 우리는 매일 '쿠팡' 같은 곳에서 물건을 사고 결제를 한다. 바로 결제를 했기 때문에 판매자도 바로 돈을 벌 수 있을 것이라고 생각하지만, 그렇지가 않다. 고객은 판매자가 아닌 쿠팡에 입금하는 것이고, 배송 완료가 되고 구매 확정이 돼야 정산이 되므로 판매자가 매출액을 입금받으려면 한 달, 두 달을 기다려야 한다. 그래서 매출금은 안 들어오고 고정비만 계속 나가서 힘들어하는 판매자들이 많다. 한 달, 두 달 동안 쿠팡 같은 온라인 쇼핑몰에는 엄청난 금액의 돈이 몰리고 쇼핑몰은 그에 대한 이자수익을 가져가는 것이다. 하루에 50조 원이 몰린다고 생각해 보면 1%만 계산해도 쇼핑몰의 하루 수익은 5천억 원이다.

암호화폐는 교환 수단으로 만들어졌지만 보다 광범위한 기능을 제공하며 그중 하나가 결제다. 이 부분이 기존의 금융권이 싫어하는 대목이다. 암호화폐 결제가 모바일에서 가능해지면 며칠씩 돈이 묶이는 현상을 없앨 수 있다. 대신 기존의 금융권은 이자수익을 뺏기기 때문에 부정적일 수밖에 없다. 아직 비트코인 시장이 공식적인 환경이 형성되지 않은 데다가 금융지주들이 돈 벌 수 있는 환경이 마련돼 있지 않은 상태로 암호화폐 시장에 돈이 흘러 들어가면 기존의 금융권은 손해가 심해진다.

게다가 그동안은 블록체인 암호화폐에 대한 이해도가 많이 낮은 상태였으므로 부정적인 표현이 거세게 나오는 것은 위기감과 불안감이 반영된 것이라고도 해석할 수 있다. 그러나 이제는 분위기가 달라지고 있다. 우리나라에서도 마찬가지다.

국민은행은 KODA(한국디지털에셋)에 전략적으로 투자함으로써 디지털 자산 시장에 진출한다고 발표했다. KODA는 암호화폐를 대리해서 보관해 주고 이자를 받는 수탁custody 서비스 기업으로, 일종의 디지털 금고다. 돈을 안전하게 은행에 예금하는 것과 다르지 않다. 국내 최대 암호화폐 벤처캐피털 해시드, 국내 1위 암호화폐 수탁 솔루션 기업 해치랩스와 함께 공동 설립했다. 이로써 KODA는 국내 최초로 제도권 은행이 참여한 디지털 자산 관리기업이 되었다.

이외에도 농협, 신한은행, 하나은행이 암호화폐 수탁 서비스 시장에 진출하겠다고 하고 있다. 일단은 암호화폐 보관과 함께 대리투자, 적립식 펀드와 같은 투자상품 판매, 암호화폐 담보 대출 등의 서비스를 할 수 있을 것으로 예상된다. 그들은 페이팔처럼 기존의 금융결제망을 전혀 활용하지 않는 암호화폐 서비스가 나오는 상황에서 더 머뭇거리다가는 도태될 것이라는 위기감을 느낀 것으로 보인다. 과거 카카오톡이 등장하고서 문자메시지 업체들이 모조리 사라졌던 것과 같은 상황을 맞이하고 싶지 않은 것이다.

5

암호화폐에서
암호자산으로

비트코인과 같은 암호화폐는 우리나라에 '가상화폐'라는 이름으로 처음 등장했다. 그러나 '가상'이라는 말이 주는 이미지 탓이었는지 단순히 게임머니 정도로 이해한 사람이 많았다. 그러다 해외에서는 'cryptocurrency'라는 이름으로 통용되고 있어서 '암호화폐'라는 말이 가장 적합한 용어로서 쓰이기 시작했다.

2018년의 폭락장 이후로는 정부에서도 관심을 가지기 시작했고 중앙은행에서도 연구에 나섰다. 이름에는 '화폐'라는 말이 들어가 있지만, 그 종류도 많고 기능과 용도도 다양한 데다가 관련 기술이 하루가 다르게 발전하고 있어서 그 성격을 하나로 정하기는 어렵다고 평가됐다.

이름처럼 '화폐'로 쓰이거나 지급 수단으로 가능한지에 대해서는 각국의 중앙은행이 다른 입장을 보였다. 정부는 세금을 부과하는 과세당국이기 때문에 암호화폐를 어떻게 해석하느냐 하는 것은 중요한 문제다. 개발자들은 법정화폐의 대체재로서 금융기관을 배제한 당사자끼리의 지급 수단으로 개발했다고 주장한다. 물품 구매와 해외 송금이 가능하기 때문에 지급 수단 역할을 할 수 있다는 입장이다. 미국, 일본 등의 중앙은행들은 화폐가 아니라는 입장이고, 영란은행은 "소수의 사람들 간에 제한적으로 이용되는 돈money으로 기능할 수 있다"라고 한 적이 있다. 미국은 비트코인을 세법상 자산으로 보고 양도소득세를 부과하며, 일본은 매매차익 등을 기타 소득으로 인정하여 과세한다.

비트코인이 화폐가 아니라는 사람들이 문제 삼는 것은 가격 변동으로 인해 가치가 불안정하다는 점이다. 따라서 교환 수단으로 기능할 수 없다는 것이다. 그동안 암호화폐의 법적 성격이 화폐인지 지급 수단인지 금융자산인지 통일되지는 않았지만, '화폐currency'라는 말을 넣는 것은 대중들에게 오해의 소지가 있으니 '암호자산crypto-assets'이란 용어를 쓰자는 분위기다. 이것은 현실에서 투자 대상이 되고 있다는 점을 인정한 것이다.

화폐 통화보다는 결제 수단

◇◇◇◇◇

한국은 지금 전 세계에서 신용카드를 가장 많이 쓰는 나라가 되었다. 현금이 없어도 생활할 수 있다. 그런데 신용카드를 쓰지 않고도 전자결제를 가장 활발하게 하는 나라가 중국이다. 중국인들이 신용카드를 안 쓰는 건 실효성이 없어서가 아니다. 중국이 개혁 개방을 하고 경제발전 계획을 세울 때 일본과 한국의 사례를 모두 살펴봤을 것이다. 일본은 현금을 많이 쓰는 시기에 사회 발전을 했고, 한국은 신용카드를 많이 쓰는 시기에 사회 발전을 거쳐 선진국 반열에 올랐다. 중국은 미래 사회가 모바일로 넘어가는 상황을 봤고 결제 플랫폼을 모바일 결제에 맞게 계획했다. 그 결과 중국은 전 세계에서 가장 빠른 결제 플랫폼을 가지게 되었다.

국제 결제 시장에서 가장 큰 볼륨을 차지하는 나라는 더 이상 미국이 아니다. 미국에는 11월 넷째 주 목요일인 추수감사절 다음 날인 블랙 프라이데이Black Friday가 연중 가장 큰 규모의 쇼핑이 행해지는 날이다. 연중 처음으로 회계 장부에 흑자Black ink가 기록되는 날이라서 이름에 '블랙'이 붙었다. 미국인들은 추수감사절 저녁에 가족이나 친구들과 함께 식사를 하고, 두둑하게 지급된 연말 보너스를 들고 쇼핑몰을 찾는다. 이날로부터 일주일 남짓한 기간의 소비액은 미국 연간 소비 중 약 20%를 차지한다고 알려져 있다.

한편 중국에는 11월 11일 광군제가 있다. 중국 남경대학교에서 솔로의 축제를 계기로 만들어진 '독신자의 날'을 뜻하는 기념일이다. 혼자 있는 모습인 숫자 1이 여러 개 있는 것에서 유래했다고 한다. 알리바바의 마윈은 블랙 프라이데이에서 착안해 쇼핑으로 외로움을 극복하자는 컨셉으로 광군제 이벤트를 시작했다. 2017년부터는 하루 만에 미국 블랙 프라이데이 매출을 뛰어넘었다.

중국의 매출 규모가 이렇게 커질 수 있었던 것은 모바일 환경에 맞는 결제 플랫폼을 가지고 있기 때문이다. 알리페이, 위챗페이를 쓰는 중국인들 역시 현금을 가지고 다닐 필요가 없다. 한국이나 유럽에서 쓰는 신용카드 결제로는 모바일 시장 환경에서 기업이 매출을 올리는 데 한계가 있다. 우리나라 사람들은 한국의 잘 갖춰진 인프라 환경에서 쉽게 결제하고 쉽게 쇼핑하고 쉽게 택배를 받기 때문에 이 점을 잘 인지하지 못한다.

시각을 한국 시장이 아니라 글로벌 시장으로 확대하면 미국 기업이나 한국 기업은 무료로 플랫폼을 퍼뜨리거나 콘텐츠를 퍼뜨릴 수는 있지만 수익을 올리기가 힘들다. 선진국을 제외하고는 전 세계 대부분의 사람이 은행 계좌를 가지고 있지 않기 때문이다. 은행 계좌가 없다면 신용카드도 쓸 수 없다.

비트코인과 암호화폐가 존재해야 하는 당위성이 여기에 있다. 비트코인이 화폐인지 아닌지 논하는 것은 더는 아무 의미가 없다. 중국과 모바일 시장에서 라이벌 관계 구성을 하려면 결국엔 가장 편리한 플랫폼을 누가 장악하는가 하는 문제가 남는다.

신용카드는 글로벌 시장에서 안 통한다

◇◇◇◇◇

동남아시아 황금 시장의 대표라고 하는 인도네시아를 예로 들어 보자. 다양한 기관에서 떠오르는 이머징 국가(emerging market, 신흥 시장)를 선정할 때, 인구 2억 6천만 명(2018년 통계)의 인도네시아는 가장 자주 선정되는 국가 중 하나다. 그런 인도네시아의 은행 계좌 보유율은 36%, 신용카드 보유율은 2% 수준이다. 반면 인터넷 보급률은 2019년 1억 9,600만 명으로 73.7%다. 모바일 쇼핑과 결제에는 최적의 환경이다.

인도네시아 금융감독청은 2018년 핀테크 거래 금액을 307조 루

피아(약 23조 6천억 원)라고 발표했다. 그중 전자지갑 서비스는 공과금 납부, 음식과 쇼핑 배달, 휴대폰 결제, 이주 노동자의 송금 등에 두루 쓰이고 있다. 한국의 CGV, 미국의 스타벅스, 커피빈, 맥도날드 등도 제휴하고 있다.

이런 상황에서 금융권이든 IT기업이든 실물경제에서든 위기감을 인지한 기업은 사활을 걸고 자체적으로 암호화폐 개발에 뛰어들고 있다. 또는 블록체인 생태계에 들어가기 위한 연구를 진행 중이다. 암호화폐가 모바일 환경에 최적의 결제 수단을 제공할 수 있기 때문이다. 새롭게 떠오르는 신흥 시장에서는 경제 개발의 동력을 모바일 환경에 최적화된 시스템에 두려고 할 것이다. 그리고 중국이 쓰는 결제 플랫폼 환경을 훨씬 더 합리적이라고 생각할 것이다. 안전성을 확보한 암호화폐를 전자지갑에서 결제되도록 한다든지 새로운 시도를 해본다면 대박의 기회가 있겠지만, 블록체인 생태계에서 뒤처진다면 도태되어 누가 사라질지 모를 일이다.

2장

비트코인은
전 세계를 연결한다

1

마운트곡스와
일본 암호화폐 시장의 태동

2014년 마운트곡스의 비트코인 해킹 뉴스는 일본인들의 호기심을 자극했다. 일본인 피해는 거의 없었지만 도쿄 지방법원 관할 소송이어서 이를 계기로 일본인들은 비트코인에 대해 알게 되었다. 정부에서도 TF(태스크포스)팀을 꾸리고 비트코인에 대해 조사했다. 그 덕분에 디지털 사회에 대해서 별로 관심이 없었던 일본은 비트코인에 대해서만은 빠르게 정보를 습득했다.

마운트곡스 사건으로 인해 당시 비트코인 가격은 일시적으로 고점 대비 90% 하락하고 그 후유증은 3년간 지속되었다. 마운트곡스의 파산, 회생절차, 피해자 보상은 2020년 현재까지 계속되고 있는데, 나중에는 해킹당했다는 사실조차 진위 여부가 의심되기도 했다. 비트코인은 이미 다 팔아먹고 실제로는 있지도 않은데 장부 거래만 하다가 해킹당했다고 거짓말했다는 의심 정황이 포착된 것이다.

일본은 암호화폐 연구를 지속한 결과, 관련 법률을 정리하기로 했다. 2016년 자금결제법을 개정해 암호화폐의 법률상 재산 가치를 인정했다. 당시 현금 대신 비트코인과 암호화폐를 받는 상점이 조금씩 늘고 있었기 때문에 송금과 결제에 관한 법률이 필요했다.

또 '가상통화교환업'을 자금결제법에 추가해 암호화폐 거래소를 상법상 회사로 간주했다. 이로써 등록하지 않은 거래소는 퇴출되었고, 2017년부터는 금융청의 감독을 받고 있다. 범죄수익이전 방지법을 개정해 계좌 개설에서 고객 신원 확인 등을 강화해 자금 세탁에 악용되지 않도록 했는데, 이것은 2021년 한국에서 시행 예정인 개정된 특금법(특정금융거래정보의 보고 및 이용 등에 관한 법률)과 비슷한 내용이다.

일본은 암호화폐 시장에서는 어찌 보면 선지적인 행보를 보였다. 거래소에 라이선스를 주면서 자격을 갖춘 곳만 거래할 수 있도록 관리한 나라는 일본이 최초였던 셈이다.

플라자합의와 잃어버린 30년

◇◇◇◇◇

1980년대까지 경제적으로 잘나가던 일본은 플라자합의 이후 부동산 버블이 일어나고, 버블 붕괴 후 지금까지 가격이 회복된 적이 없다. 플라자합의는 1985년 미국, 영국, 프랑스, 독일, 일본의 재무 장관들이 뉴욕 플라자 호텔에 모여 달러 강세 문제를 해결하기 위해 환율 조정에 합의한 것을 말한다. 미국의 대일 무역적자를 해소하기 위한 조치였다. 미국의 노림수는 달러의 가치를 내림으로써 가격 경쟁력을 회복하는 것이었다.

이후 엔화는 일주일 만에 8.3%가 상승했고, 달러는 2년 동안 30% 이상 급락했다. 엔고가 지속되고 달러는 엔화 대비 가치가 50%까지 떨어졌지만, 처음 한동안은 미국이 원했던 적자 해소의 효과를 보지 못했다. 그러나 일본 입장에서 불행은 엔화 가치가 상승하면서 버블이 생겼다는 점이었다. 자국 통화의 가치가 상승하다 보니 명품을 사들이기 시작했고, 상대적으로 가격이 내려가 보이는 외국 자산들을 사들였다. 일본인들은 하와이 해변의 호텔들을 매입하기 시작했는데, 똑같은 금액의 엔화를 가지고도 이전보다 두 배의 달러로 바꾸는 게 가능해졌기 때문이다. 일본의 비정상적인 자산 가치 상승은 1992년까지 계속되고 이후 잃어버린 30년이라 부르는 장기 불황을 맞이한다.

일본에서 1984년에 '투금 계정'이라는 것이 합법화됐는데, 일본 기업은 세금을 내지 않고도 증권사 투금 계정에 돈을 넣어두고 재테크를 하는 것이 가능했다. 은행의 무분별한 대출도 많았는데, 기업이 본업을 망각한 채 돈놀이를 즐기는 원인이 되기도 했다. NTT 민영화를 할 때 공모가와 공모주식 수를 발표하지도 않았는데 사람들이 공모청약에 몰려들 정도로 주식 시장은 과열이었고, 주식 거품은 부동산 거품으로 이어졌다. 도쿄의 땅값은 1981년부터 1990년까지 5배 이상 폭등했으며, 1987~1988년에 가장 심했는데 "도쿄를 팔면 미국을 살 수 있다"라는 말이 나오기도 했다.

1990년대 들어 일본 정부가 다시 대출 총량 규제를 실시하고 금리를 올리자 버블이 터졌다. 주가는 단번에 고꾸라졌고, 담보가치

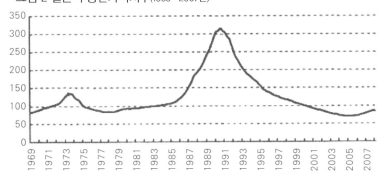

그림 2 일본 부동산가격지수(1969~2007년)

가 폭락한 부동산 시장에는 매수세가 뚝 끊겼다. 선진국 중에서 2020년 세계적인 부동산 가격 급등세에서 최고점을 경신하지 못한 나라는 일본밖에 없다.

일본의 경제 버블은 기업 실적이나 성장을 배경으로 한 것이 아니었기 때문에 이후 2000년의 IT 버블, 2008년 미국발 금융위기 등을 극복하지 못했고, 아베노믹스 실행 7년 동안에도 마이너스 성장을 개선하지 못했다. 성장 동력이 미약한 일본의 2021년 경제 전망은 더 암울하다. 이미 조선과 소부장(소재·부품·장비)은 한국에 뺏기고, 저가 제품 생산라인은 물론이고 기간산업이나 건설 설계는 중국에 뺏겼다. 수출 경쟁력이 있는 건 자동차 정도밖에 없는데, 그 또한 여의치 않다. 그동안 내연차는 잘 만들었지만, 미래 먹을거리인 수소차·전기차에서 현대자동차를 이길 수 있을지 불투명하다. 일본은 과연 잃어버린 30년에서 벗어날 수 있을까?

버블은 금융자본주의의 필요악

◇◇◇◇◇◇

일본의 경우 성장의 실체가 없는 상태에서 환율만으로 버블이 일어난 것이 문제였을 뿐, 금융자본주의에서 버블 없이는 경제 성장도 없다. 자산 시장으로 맥을 잡자면 일본에 가장 필요한 건 버블을 일으켜줄 시장이다.

실물경제의 경우에는 기업의 내재가치보다 주가가 높게 형성돼 있으면, 향후 기업이 벌어들일 이익에 대한 기대치를 주가가 반영하고 있다고 해석한다. 미래의 성장가치를 앞당겨와서 현재를 풍요롭게 만드는 것이다. 반면 금융 시장은 실물경제가 살아날 것을 앞서 반영하므로 기업의 실적이 곧 뒤따라와야 버블 붕괴로 인한 타격이 없다.

부동산 가격이 오르면 제일 먼저 남편이 차를 바꾼다. 그런 다음 아내가 명품 백을 산다. 집을 팔아 수익 실현을 하지 않았는데도 말이다. 2020년 우리나라에서는 코로나19 확산으로 경기가 침체됐다고 하는데 부동산 가격이 오르면서 현대자동차가 잘 팔리는 현상이 있었다. 일본도 내수 시장이 살아나려면 부동산이든 주식이든 버블이 있어야 한다. 코로나19 확산으로 선진국들이 재난지원금을 지급하면서 통화 유동성이 높아졌고, 2020년 일본에도 주가 상승이 있었다. 미국의 양적완화에 따른 달러 약세로 엔화가 강세로 돌아섰고 주가 상승으로 이어졌지만, 일본 기업의 펀더멘털이 좋아진 것은 아니다. 그러나 2021년까지 중앙은행이 통화량을 늘리는 양적완화가 이어진다면 일본도 주식과 부동산 자산이 약간 좋은 흐름으로 갈 가능성이 높다.

양적완화 상황에서는 물가 상승을 어떻게 잡느냐가 관건이다. 돈을 찍어낸 만큼 인플레이션이 오면 시중 통화량이 지나치게 많아져 자국의 화폐 가치가 폭락하고 경기침체로 이어질 수 있다. 양적완화를 하는 당국 입장에서는 통화량을 어느 정도 묶어줄 자산 시장이 필요한데, 주식과 부동산에 이어 비트코인 시장을 자금이 유입되는 경로로 활용할 수 있다.

비트코인과 암호화폐 자산 시장은 전 세계가 연동하는 시장이라서 버블이 왔을 때 일본 투자가들도 투자에 뛰어들기에 부담이 없다. 또한 이 투자로 인해 그동안 일본에서 볼 수 없었던 경기 활성화, 자산 시장 활성화가 올 수 있다. 지진, 해일 등 지정학적인 이유로 일본의 부동산은 오르기가 힘들지만, 블록체인이 전 세계적으로 붐이 일면 일본 경제에는 다시 한번 뛰어오를 수 있는 동력이 될 수 있다.

암호화폐 시장이 일본을 구할 것인가

◇◇◇◇◇

오래전 우리나라 다큐멘터리 팀이 도쿄에 가서 비트코인이 실물 경제에 쓰이는 모습을 촬영한 적이 있다. 식당에서 식사를 하고 음료를 마시고 비트코인으로 결제하는 모습이었다. 그런데 지금은 비트코인 가격이 계속 오를 것으로 여기고 사람들이 결제로 쓰기보다는 자산으로 가지고 있으려는 분위기가 되었다. 판매자는 비트코인을 받고 싶지만, 구매자는 보유하는 것을 선호하고 결제로 쓰지 않는 것이다.

이런 상황에서도 일본 정부는 '암호화폐 선도자'의 이미지를 가져가기 위해 움직이고 있는 것으로 보인다. 2016년부터 암호화폐의 제도화에 노력하고 있다. 거래소를 운영할 수 있는 자격을 갖춘 곳만 라이선스를 주는 식으로 관리하고 있고, 암호화폐 종목도 일본 금융청에서 승인한 것만 거래소가 관리할 수 있다. 네이버 라인의 자회사 LVC도 2019년 일본에서 암호화폐 1종 라이선스를 취득했다. 비트코인, 이더리움, 비트코인캐시, 라이트코인, 리플을 취급할 수 있는 라이선스다. 라인은 자체 암호화폐 링크코인(LN)을 보유하고 있다.

규제 체계를 만든 이후에 사고가 없어진 건 아니다. 2018년 암호화폐 거래소 코인체크의 넴(NEM 또는 XEM, 뉴 이코노미 무브먼트) 해킹 사건이 있었고, 도쿄 지방법원이 연루자 두 명에게서 4만 6천 달러 상당의 비트코인 몰수 명령을 내리기도 했다. 일본 금융청은 2019년 자금결제법과 금융상품법을 다시 개정했고 법률상 명칭도 '암호자산'으로 바꾸면서 지속적으로 신경쓰고 있다.

그러면 암호화폐 시장은 일본 경제에 얼마나 도움되고 있을까? 2017년 노무라증권 보고서에 따르면, 일본 비트코인 시장이 커지면서 미묘하지만 내수 시장이 살아났다고 한다. 비트코인 가격이 오르자 일본인들에게 그동안 없었던 투자소득이 생긴 것이다. 주식도 부동산도 성장하지 못한 상황에서 일본인은 그동안 투자소득이랄 게 없었고, 금리도 마이너스여서 은행에 넣어봐야 소용이 없었다. 그러다가 비트코인 가격이 올라 소득이 생긴 것이다. 당시 일본인의 비트코인 투자는 확실히 내수 시장 활성화에 긍정적인 영향을 주었던 것으로 보인다.

또 한 가지 주목할 점이 있다. 일본은 뒤처진 결제 플랫폼을 개선하는 데 암호화폐를 활용하려는 모습이다.

일본은 금리를 낮추고 양적완화로 시장에 돈을 뿌리는데도 내수 시장이 살아나지 않아서 고민이다. 세계적으로 지금의 경제 환경에서는 인터넷에서의 매출 비중이 더 높다. 우리나라도 마찬가지지만 오프라인 매출만 가지고 기업이 성장하기를 바랄 수는 없다. 인터넷이 발전하지 못했고 신용카드 보급률이 떨어지는 일본은 맥도날드조차 2017년부터 신용카드를 받기 시작했다.

그런데 신용카드는 이미 시대적으로 낙후한 결제 시스템이다. 이제부터 신용카드 결제를 구축하겠다는 것은 5G 시대에 4G를 깔겠다는 얘기와 같다. 일본 입장에서는 도쿄올림픽을 앞두고 다른 결제 플랫폼을 서둘러 구축해야 했다. 1세대 결제가 종이화폐 결제라면, 2세대는 신용카드, 3세대가 페이먼트(payment, 선불 충전 필요 없이 거래 정보만으로 결제), 4세대가 블록체인 암호화폐가 될 것이다. 이미 3세대 모바일 페이먼트를 쓰는 중국이 있는데, 여기서 신용카드를 도입하는 것은 아무런 경쟁력이 없다.

일본이 준비하는 것은 스마트폰 안에서 결제되는 시스템이다. 최근 손정의와 네이버가 손잡고 페이먼트에 힘쓰고 있는 것도 이런 배경에서다. 신용카드는 판매자에게 돈이 바로 전달되지 않아 시장의 화폐 유통 속도가 줄어들기 때문에 결코 경제에 좋을 수 없다. 일본도 신용카드를 쓰는 한국 시장의 이 문제를 알고 있기에 판매자와 생산자가 바로 연결되는 시스템에 더욱 적극적일 것이다. 반면 중국은 다이렉트로 생산자와 소비자가 돈을 주고받는 페이먼트 결제이기 때문에 유동성이 좋다.

도쿄올림픽을 앞두고, 일본은 소비의 80%가 현금거래로 이루어 지는 도쿄에서 외국인 관광객 소비를 늘리기 위해 2019년 초에 암호화폐 결제 시스템을 재정비하는 가이드라인을 마련했다. 코로나19 확산으로 도쿄올림픽이 취소될 가능성이 높다는 것이 그들 입장에서는 아쉬운 상황일 것이다.

　2020년 들어서는 CBDC를 경제 재정 운영과 개혁 방침에 포함시키겠다는 일본 정부의 공식 입장도 있었다. 그리고 일본은행은 유럽중앙은행(ECB) 등 5개국 중앙은행과 손잡고 공동 연구를 시작했다고 한다. 페이스북 리브라(후에 '디엠'으로 리브랜딩) 발행을 앞두고 디지털화폐에 대한 공동 대응에 나선 것이다.

2

중국의 경제 성장과
비트코인 채굴

비트코인 시장은 미국에서 태동했다. '사토시 나카모토'라는 이름을 쓰는 사람이 위치 추적이 어려운 브라우저를 이용해 활동했는데, 그는 일본인 이름을 썼지만 한자 이름을 밝힌 적이 없고 일본어를 쓴 적도 없다. 심지어 그가 개인인지 팀인지도 확실치 않다. 2009년 사토시가 평범한 컴퓨터의 CPU를 통해 비트코인 첫 채굴을 시작한 이후 채굴 경쟁이 점점 심화되면서 전문화된 채굴 방식이 등장했다.

비트코인의 시세 상승에 따라 채굴 참여자가 늘어나며 전 세계적으로 암호를 풀면 코인으로 보상을 받는 채굴 열풍이 불었다. 나중에는 저렴한 장비를 사서 채굴하기에는 전기요금을 감당할 수 없을 정도로 채굴 난이도가 높아졌다. 사람들은 좀 더 전문화되고 특화된 채굴 방식을 원하게 되었고, 2012년 12월 미국 버터플라이랩이 비트코인 채굴 전용 장비인 에이식ASIC을 개발했다. 그리고 2013년 설립된 중국의 비트메인은 세계 최대의 채굴기 제조업체가 됐으며, 2020년 현재 중국은 비트코인 해시율의 50%를 차지한다. 한때 중국 정부는 채굴업이 과도한 전기 사용으로 환경오염과 자원낭비를 초래한다고 주장했지만, 산업 구조조정을 개정할 때마다 채굴업을 퇴출한 적은 없다.

비트코인 채굴과 ICO 규제

◇◇◇◇◇◇

맨 처음 중국은 암호화폐에 대해서 우호적이지도 비우호적이지도 않았다. 시장이 워낙 작았기 때문이다. 그러다가 채굴이 성행하면서 중국은 암호화폐의 성지가 되었다. 값싼 컴퓨터로도 비트코인을 채굴할 수 있었던 때였고, 전기 또한 값쌌기 때문에 중국인은 암호화폐 채굴에 무척 우호적이었다.

2011년에는 상하이에 중국 최초의 비트코인 거래소인 BTC차이나(현재는 BTCC)가 설립됐다. CEO인 바비 리는 라이트코인을 개발한 찰리 리와 형제이기도 하다.

2013년 중국 당국의 암호화폐 규제로 은행의 비트코인 거래가 금지됐다. 당시 비트코인 가격은 1,200달러 정도였는데, 규제 이후 196달러까지 급락했다. 또 한번의 규제는 2017년 9월에 있었다. ICO를 불법으로 선언하고 거래소 폐쇄를 예고했는데, 당시 BTC차이나, 후오비, OK코인 등이 임시 폐쇄됐다. 비트코인 가격은 14,000달러에서 곧바로 11,000달러 수준으로 떨어졌고, 이후

3,000달러 선까지 폭락했다.

중국 입장에서 비트코인은 좋은 측면과 나쁜 측면 두 가지가 있다. 초기에는 비트코인 시장이 작았고 비트코인 투자를 위해 외국에서 돈(외화)이 중국으로 들어갔다. 중국은 자본 시장이 활발하게 열려 있는 것도 아니었고, 외환 수급이 커질 이점이 있었기 때문에 비트코인에 우호적인 입장이었다.

그러다 중국이 경제 성장으로 시장이 커지고 중국 자본의 해외 유출이 문제가 되기 시작했다. 위안화로 비트코인을 산 뒤 달러로 바꿔 해외로 인출했기 때문이다. 중국 당국으로서는 상당히 껄끄러울 수밖에 없는 상황이 나타났다. ICO 규제에 들어간 2017년 9월은 시기적으로도 중요한데 이때가 바로 미중 무역전쟁이 본격화된 직후였다. 트럼프 대통령은 취임 후 중국의 불공정 무역관행을 문제 삼기 시작했고, 세계 경제가 블록화 분위기로 가면서 외환 반출이 민감해진 것이다. 금융 규제 차원에서 결국 비트코인도 규제 대상이 되고 말았다.

중국인이 비트코인을 좋아한 이유
◇◇◇◇◇

중국에서 비트코인 시장이 성장하게 된 배경에는 역사적인 트라우마도 있을 것이라고 짐작할 수 있다. 중국인들에게는 1966년에서 1976년까지 이뤄졌던 문화대혁명에 대한 기억이 있다. 이전의 지배층들이 재산을 몰수당하고 모든 기득권을 잃은 채 처형되거나 수용소에 감금됐던 것이 불과 50여 년 전의 일이다. 그러니 해외로 돈을 보낼 수 있다는 점에 민감하게 반응했을 것이다. 중국인이 해외 부동산 투자를 좋아하는 이유도 투기를 좋아한다기보다 정부가 자신의 재산을 언제 몰수할지 모른다고 생각하기 때문이다.

그런 관점에서 생각하면 비트코인은 중국인들에게 정말 잘 맞아떨어지는 투자처다. 위안화를 비트코인으로 바꿔서 전자지갑에 넣어두면, 유사시에 비트코인을 해외로 보낸 뒤 몸만 나가면 된다. 자신의 재산을 지킬 수 있는 손쉬운 방법이다.

2017년 중국에는 신규 암호화폐 자금을 모집하는 ICO 광풍이 분다. 단지 사업계획서White paper 한 장과 홍보마케팅이 전부이며 그 이상도 그 이하도 아닌 실체 없는 프로젝트도 허다했다. 그런데도 빠르게 큰돈을 만지고 싶어 하는 사람들이 모여들었고, '묻지마' 투자가 성행했다. 2018년 초에 시작된 중국 암호화폐 플러스토큰Plus Token은 '매일 수익이 나오는 전자지갑'이라는 컨셉의 역대급 다단계 사기다. 피해 금액은 3조 원이 넘고, 피해자 규모는 80만 명이 넘는다고 한다. 2020년에는 관련자 100여 명이 체포됐다. 중국은 암호화폐 사기에 엄중히 대응했고, 자금세탁, ICO 사기 등으로 많은 사람이 잡혀갔고 재판도 많이 받았다.

세계 최초 중앙은행이 발행한 디지털화폐
◇◇◇◇◇

시진핑 주석은 2019년 블록체인에 대한 강력한 지지를 표명하며 세계 지도자 중에서는 처음으로 이 기술을 후원한다고 밝혔다. 이 분야에서 중국이 확실히 선도적 위치를 차지하겠다는 다짐이었다. 블록체인 암호화폐는 원래 탈중앙화된 시스템이지만, 2020년 중국 정부는 블록체인의 분산원장 기술DLT에서 필요한 장점만 따와서 전자적 형태로 발행되는 CBDC를 만들었다. 이름하여 '디지털 위안화E-CNY'다. 변동성이 큰 비트코인, 이더리움과 다른 점은 가치가 실제 화폐처럼 일정하다는 것이다.

중국 내 모바일 결제 앱 거래량은 2019년 약 50조 달러 규모다 (5경 원이 넘는다). 중국인들은 이미 80% 이상이 알리바바의 알리페이와 텐센트의 위챗페이를 사용해 결제하고 있다. 시장점유율이 각각 55%, 39%에 이른다. 덕분에 중국 가계의 금융자산 대비 현금 사용률은 4%로 세계 최저 수준이다. 이미 휴대전화가 종이돈을 대신하고 있으며, 중국의 핀테크는 거지들도 QR코드로 구걸할 정도로 압도적이다.

중국의 중앙은행이 시범 운영하고 있는 디지털 위안화 앱은 외관상 다른 종류의 전자지갑과 유사하다. 한 가지 특이한 점은 배터리가 없는 상태에서도 결제가 가능하다는 것이다. 이로써 중국은 은행 계좌가 없는 2억 이상의 금융 소외층을 경제권으로 끌어들일 수 있을 것이다. 은행 인프라 없이 스마트폰만으로도 보조금을 지급하거나 세금을 부과하는 데 사용할 수 있게 되었다. 중국은 디지털 위안화를 2022년 동계 올림픽에 맞춰 더 광범위하게 쓰이도록 할 계획이다.

특히 중국의 노림수는 해외 영향력 확대에도 있을 것이다. 디지털 위안화가 국제무역 결제에 활용되면 미국 달러의 대항마가 되고 화폐전쟁에서 우위에 설 수 있을 것이라는 계산이다. 오늘날 전 세계 외환보유액에서 미국 달러는 60%, 유로화는 20% 수준인 반

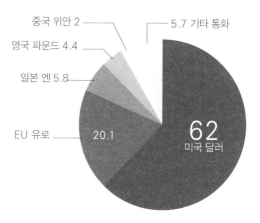

그림 3 전 세계 외환보유액(2020년)

단위: %

중국 위안 2 ── ┌─ 5.7 기타 통화
영국 파운드 4.4 ──
일본 엔 5.8 ──

EU 유로 ── 20.1

62
미국 달러

자료: IMF

면, 위안화는 2%에 불과하다. 시진핑 외교정책의 핵심인 '일대일로'의 범위에 있는 국가들 중 다수가 중국으로부터 많은 돈을 빌렸기 때문에 이들을 디지털 위안화 생태계로 유인할 방법을 찾을 것이다. 더군다나 디지털화폐는 외환거래에서 중개자가 많이 필요하지 않아 거래 지연을 최소화할 수 있다.

코로나19 확산 이후 CBDC는 더욱 화두가 되고 있다. 비대면 거래가 늘어났기 때문인데, CBDC는 비트코인에 대한 위협 요소가 될까? 그럴 가능성이 없는 건 아니지만, 현재 시점에서는 그렇게 될 수 없다. CBDC 또한 해당 국가의 화폐이기 때문에 다른 나라 인터넷 환경에 연결되기가 힘들다.

예를 들어 중국의 디지털 위안화를 가지고 쿠팡에 오면 결제하지 못한다. 한국의 원화 CBDC를 가지고 중국의 쇼핑몰에서 결제하는 것도 불가능하다. 미국이든 중국이든 한국이든 인터넷 기업이 성장하기 위해서는 외국 사용자에게 과금할 수 있는 방법을 찾아내야 되는데, CBDC는 그러기에는 기반이 약하다. 전 세계 사람들이 달러만 쓴다면 아마존에서도 쿠팡에서도 쓸 수 있겠지만, 그런 결제 통화는 없다. 미국 달러는 무역 결제에서만 쓰는 것이지 민간 결제에서는 쓰지 않기 때문이다. 하지만 비트코인은 CBDC보다 확장성이 높다.

각국 정부는 비트코인을 화폐라고 말하지 않지만 자산으로 간주하고 있다. 주식을 매각한 돈으로 물건을 살 수 있는 것처럼 비트코인을 매각해서 물건을 살 수 있다. 그런데 비트코인은 가격이 왔다 갔다 한다. CBDC는 가격 변동성이 있는 비트코인을 대신해 결제해 주는 매개체가 될 수는 있다. 쿠팡에서 중국인이 비트코인으로 물건을 사고 싶은데 결제가 안 된다면, 비트코인을 팔고 그 가격에 원화 CBDC로 환전해서 물건을 살 수 있게 매개할 수 있다. 국경을 넘어가야 되는 상황에서 어느 나라든 통용되는 건 비트코인밖에 없다. 아무리 디지털화해서 CBDC를 만들어도 그 나라 각국에서만 쓰일 것이기 때문이다. 결국 이걸 해외로 넘기려면 비트코인으로 거래하든가 그에 상응하는 블록체인으로 거래하는 방법밖에 없다.

3

페이스북 리브라가
미국 사회에 던진 화두

도쿄에서 소송이 걸린 마운트곡스 사건은 그 장소와 상관없이 주로 미국인들의 자산에 직접적인 피해를 준 사건이다. 이때까지만 해도 비트코인 시장이 그리 크지 않아서 자유시장 경제를 기본으로 하는 미국 정부가 달리 규제하는 것은 없었다.

문제는 익명성 때문에 나타났다. 온라인 장터인 '실크로드'에서 마약과 같은 불법 약물을 사고팔면서 비트코인을 사용한 것이다. 실크로드는 법망 밖에 있는 최초의 온라인 암거래상으로 평가받으며, 2013년 미국 연방당국에 의해 폐쇄됐다. 그때까지 유통된 비트코인은 950만 개였다. 실크로드 운영자인 로스 울브리히트는 결국 2015년 종신형을 선고받았다.

실크로드 판결을 계기로 '다크웹'이라는 용어가 통용되기 시작했다. 다크웹은 일반적인 방법으로는 접속자나 서버를 확인할 수 없어 사이버 범죄 뉴스에 자주 등장한다. 우리나라의 경우 디지털 성범죄로 이슈가 됐던 n번방, 박사방, 웰컴투비디오w2v에서도 암호화폐로 결제를 받았다.

2017년에 중국인들의 참여로 비트코인 시장이 상당히 커지자 이때부터 미국은 과세 움직임을 보인다. 미국이 세금을 걷기 시작했다는 것은 비트코인 암호화폐를 자산으로 인정하기 시작했다는 걸 의미한다. 또 미국 금융당국인 증권거래위원회sec가 증권법 테두리 안에서 암호화폐 ICO를 관리하면서, 암호화폐의 증권성을 판단할 수 있는 기준을 발표했다.

미국이 암호화폐를 바라보는 자세

◇◇◇◇◇◇

미국이 암호화폐 시장에 보다 적극적으로 관심을 가진 계기는 사실 코로나 대유행 이후다. 비대면 거래의 결제 방식이 엄청나게 중요하다는 걸 깨달으면서 연방준비제도(연준)의 디지털화폐 발행에 대한 의회의 관심도 되살아났다. 정부가 전통적인 채널을 통해 경기부양 혜택을 신속하게 전달하기 위해 애썼지만 진척은 더뎠기 때문이다.

코로나 대유행 이전만 해도 암호화폐에 대한 정부와 의회의 관점은 곱지 않았다. 스티븐 므누신 재무부 장관은 "제롬 파월 연준 의장과 함께 디지털화폐를 우선순위가 낮은 문제로 생각한다"라고 의회에 밝힌 바 있다. 리먼 브라더스 파산 당시 재무부 장관이었던 행크 폴슨은 어느 기고문에서 중국의 DC/EP를 "심각한 관심사는 아니다"라고 했다.

게다가 2019년 6월에는 페이스북이 암호화폐 리브라Libra 개발 계획을 발표했다. 바로 이전 해에 정치 컨설팅 회사 케임브리지 애널리티카에 페이스북 이용자 약 50만 명의 개인 정보를 동의 없이 수거할 수 있도록 정보 접근 권한을 준 사건이 있어서 시선은 더욱 곱지 않았다. 미국 의회는 개발 중단을 요구하고 청문회를 열었으며, G7 회의에서도 강력한 규제 요구가 촉구됐다.

페이스북 측은 자유세계가 디지털화폐에서 중국에 우위를 빼앗길 위험이 있다고 의회에 어필했다고 한다. 초기 계획에서 리브라는 페이스북 안에서 통용되는 자체 통화로, 세계 어디서든 물건도 사고 광고도 할 수 있는 글로벌 단일 디지털 통화였다. 그런데 정부도 아닌 사기업이 전 세계에서 통하는 단일 통화를 만들 생각을 하다니, 기축통화인 달러와 각국 중앙은행의 통화 주권을 침해하는 것이라며 전 세계에서 경계의 소리를 높였다. 이후 리브라는 계획을 수정해 지역 단일화폐와 연동한 스테이블 코인으로 성격을 바꿨다.

글로벌 단일 통화에서 스테이블 코인으로

◇◇◇◇◇

스테이블 코인은 달러나 유로 같은 명목화폐의 가치를 모방해 설계된 디지털화폐다. 비트코인이나 이더리움은 가격 변동성이 크지만, 이와 달리 스테이블 코인은 가격을 안정적으로 유지시킨다. 예를 들어 1달러를 1스테이블 코인에 사서 인터넷 환경에서 결제하고 송금에 사용할 수 있다.

그런데 세계 25억 명의 가입자가 사용하는 페이스북과 인스타그램에서 리브라코인으로 쇼핑하고 결제할 수 있게 된다면 미국 입장에서는 엄청난 플러스 알파 효과가 생긴다. 지금은 한국에서는 원화로 결제하고 중국에서는 알리페이로 결제하는 식인데, 페이스북에서 매일 리브라코인을 쓴다면 달러와 연동돼 있기 때문에 매일 달러를 쓰는 셈이 된다. 리브라코인을 쓰면 쿠팡에서도 달러로 쇼핑하고 아마존에서도 달러로 쇼핑하는 상황이 가능하다. 미국은 달러를 쓰는 사람이 많아지면 달러를 더 찍어내도 되는 긍정적인 상황이 되는 것이다. 그렇다면 미국 달러의 성장성은 더 커지게 된다.

지금은 미국이 아닌 다른 나라에서 개인 간에 달러를 쓰지는 않는다. 그런데 미국 입장에서 만약 외국에서 개인 간에 달러를 쓰게 되면 엄청난 이득을 볼 수 있다. 달러가 곧 망할 것이라는 이야기를 접어두고 기축통화로써 더 길게 생존할 수 있게 된다. 페이스북 사용자 35억 명이 쇼핑을 위해 리브라를 산다는 건 곧 달러를 산다는 말이 된다. 이런 상황은 미국에게 엄청난 기회가 될 수 있다.

리브라는 전 세계 통화 개념을 바꿀 엄청난 요소를 갖고 있다. 지금의 전 세계 IT기업들은 글로벌하게 성장한다. 페이스북은 물론이고 아마존, 구글, 넷플릭스, 디즈니 플랫폼 안에서 많은 사람들이 달러 스테이블 코인을 쓰려는 분위기를 만들어낼 수 있다면 달러는 무한정 시장에 풀려도 힘이 약해지지 않을 것이다.

또 기업 입장에서는 사용자만큼 엄청난 돈이 플랫폼 안에 모이게 된다. 일례로 스타벅스는 커피를 팔아서 돈을 버는 게 아니라

어마어마하게 팔려나가는 기프트 카드 덕분에 돈이 모여 거기에서 이자수익을 얻는다. 35억 명이 모여 있는 플랫폼인 페이스북이라면 얼마나 많은 돈이 모일지 상상이 안 간다.

중국이 재빨리 중앙은행 발행 디지털화폐에 뛰어든 것도 마찬가지로 이런 효과를 노린 것이다. 알리바바, 텐센트, 바이트댄스(틱톡)가 글로벌하게 커졌는데, 중국이 만든 디지털 위안화로 쇼핑하려는 움직임을 만들어낼 수 있다면 위안화를 쓰는 사람을 늘릴 수 있게 된다. 이것이 바로 디지털 세상에서 벌어지는 제2의 화폐전쟁이 될 것이다.

현재 중국의 디지털 위안화는 내수 시장에서 햄버거집, 식당 등에서 시범 운영하고 있다. 인터넷이 없는 환경에서도 사용할 수 있기 때문에 기술적 강점이 있다. 핸드폰에 배터리가 없어도 사용이 가능해 아프리카처럼 설비투자가 부족한 곳에서도 쓸 수 있다. 앞으로는 디지털 플랫폼 환경 안에서 많은 돈을 쓸 수 있게 유도하는 기업만이 살아남게 될 것이다.

미중 무역전쟁도 사실은 이런 맥락으로 볼 수 있다. 구글, 아마존, 페이스북 등의 미국 기업 플랫폼을 통해 중국 경제 시장 중 일부만이라도 달러를 쓰게 만들어도 달러는 기축 지위를 앞으로 더 유지할 수 있다. 반면 알리바바, 틱톡 등의 중국 플랫폼을 통해 미국 경제 시장 중 일부만이라도 위안화를 쓰게 만들면 위안화는 기축 위치에 올라설 가능성이 커진다.

미국이 중국보다 앞선 결제 시스템을 만들려면

◇◇◇◇◇

2020년 11월 미국 대통령 선거가 실시됐다. 트럼프가 대선 결과에 불복하는 우여곡절이 있었지만, 결국 조 바이든 민주당 후보가 대통령이 됐다. 바이든이 비트코인에 유리한지 트럼프가 비트코인에 유리한지 말들이 많았지만, 바이든의 당선이 결정되면서 비트코인 가격은 1,800만 원을 넘어서며 2018년 1월 이후 최고치를 기록했다.

비트코인 시장 관점에서 바라보면, 미국이 경제적 세계화 상황일 때 중국도 비트코인에 우호적일 것이다. 자본 이동이 활발하고 경제가 열려 있을 때, 중국은 비트코인 시장을 여는 쪽이 유리하다고 볼 것이다. 이 점에서 바이든이 대통령이 되면서 중국도 비트코인 시장에 우호적인 시선을 보낼 확률이 높아진다. 트럼프의 블록 경제와 달리 자본의 이동이 수월해져 중국 경제에 유리하다고 판단할 것이기 때문이다.

글로벌 경제에서 비트코인만큼 자본을 쉽게 이동시키는 방법은 없다. 글로벌 경제에서 중국은 신용카드가 없는 국민들한테도 쉽게 거래를 유도할 수 있지만, 미국 기업들은 이 부분이 약해서 당장 글로벌 표준의 결제 플랫폼을 내놓지 못한다면 비트코인을 도입하는 게 가장 편리할 것이다. 이미 글로벌하게 결제할 수 있는 시장을 만들어놓은 환경에서 비트코인 시장을 제도화할 수만 있다면, 중화권에서만 결제되는 알리페이나 위챗페이보다 오히려 글로벌 결제에서 경쟁력이 있을 것이다.

중국 입장에서도 이 부분은 그리 나쁜 선택이 아니다. 알리페이나 위챗페이는 미국에서 그 플랫폼을 받아들이지 않으면 결제할 수가 없다. 텐센트 같은 기업들이 게임 이용에 대해 과금할 때도 글로벌 유저들에게는 과금이 힘들다. 비트코인이나 코인 결제를 서로 허용하면 국제결제 시장에서 유리한 플랫폼을 채택하기가 훨씬 쉬워진다. 이전까지 국지적으로 제한적인 정책을 쓰던 트럼프한테는 사실 비트코인은 꼭 필요한 게 아니었다.

대통령이 된 바이든이 동맹 강화, 경제 세계화 상황을 재연하지 않을까 생각한다. 당장은 중국보다 앞선 결제 플랫폼이 없는 미국 입장에서는 비트코인 시장을 우호적으로 바라볼 것이다. 다만 계속해서 비트코인 시장을 우호적으로 바라볼 것인지는 미지수다.

앞으로 미국의 중앙은행도 언제든지 디지털화폐가 필요하다고 결론을 내릴 수도 있다. 달러를 전자화해서 전자지갑에 넣을 수 있도록 하려면 2, 3년은 준비해야 하므로 그동안은 미국도 비트코인을 대안으로 삼을 것이다. 당분간은 비트코인의 성장을 긍정적으로 볼 수 있는 근거가 된다. 그런 다음 다른 결제 수단이 등장한다면 결국엔 비트코인도 경쟁해야 한다.

4
가이드라인이 없는
한국 암호화폐 시장

2017년 비트코인의 가격 급등과 2018년 가격 폭락을 겪으면서 대한민국에서 블록체인 암호화폐가 대중적으로 알려졌다. 언론에서는 암호화폐가 돈세탁이나 지하경제에 사용될 수 있다고 우려했으며, 학생들이나 직장인들이 본업에 충실하지 않고 투기에 뛰어든다고 지적하는 사람도 있었다.

2017년 12월 국책은행인 산업은행과 기업은행이 암호화폐 거래용 가상계좌 개설 업무를 중단했고, 시중은행 중에는 우리은행이 여기에 동참한다. 또 해외로 송금하거나 해외에서 국내로 송금받는 돈 중 암호화폐 거래대금으로 의심받는 경우에는 은행에서 사용 목적 확인 후 제재에 들어갈 수 있다고 했다. 며칠 후 최흥식 금융감독원장은 출입기자 간담회에서 "비트코인은 버블이 확 빠질 것이다. 내기해도 좋다"라고 말해, 부적절한 발언이라며 국민청원에 올라오기도 했다.

2018년 1월에는 박상기 법무부 장관이 암호화폐 거래소 폐지 특별법을 예고하면서 "거래소를 폐지하는 데 정부 부처 간에 이견 없다"라고 발표했다. 반면, 기획재정부는 확대간부회의를 긴급 소집한 후 "거래소 존폐 정해진 것 없다"라고 발표했다. 이에 대해 청와대는 "부처 간 협의와 입장 조율에 들어가기 전에 각 부처의 입장이 먼저 공개되는 것이 바람직하지 않다"라며 거래소 폐쇄는 당장 염두에 두지 않고 있고, 암호화폐에 대한 실명제는 차질 없이 추진한다고 밝혔다. 시세 조작, 자금 세탁, 탈세 등의 불법 행위에 대해서는 엄정히 대처하겠다는 입장이었다.

외환보유액과 주식, 그리고 비트코인

◇◇◇◇◇◇

2017년 한국의 암호화폐 코인 시장에서 ICO 과열과 함께 정부 입장에서 문제가 됐던 것으로 재정 거래arbitrage가 있다. 외국 코인 거래소와 한국 코인 거래소에 가격 차이가 있었는데, 코인이 한국에서 더 비싸게 거래되어 '김치 프리미엄'이라고 불렀다. 당시 외국 코인 거래소에서 외화로 비트코인이나 기타 알트코인을 낮은 가격에 사서 한국 코인 거래소로 전송한 다음 높은 가격에 파는 식으로 차익 거래를 하는 사람이 꽤 있었다. 가격 차이가 최대 70%까지 벌어진 적도 있는데, 예를 들어 홍콩에서 달러로 구입한 비트코인을 한국에서 70% 더 비싸게 팔 수 있었다는 얘기다.

개인에게는 소액이었다 할지라도 이런 사람들이 많아졌다면 정부 입장에서는 외화가 속수무책으로 유출되는 상황이므로 제재를 안 할 수는 없었을 것이다. 1997년 외환위기를 한 차례 겪었던 우리나라는 외환 유출에 대해서는 민감할 수밖에 없다. 미국처럼은 아니지만 우리나라에서도 주식 시장을 중요하게 여기는 것은 외국인 투자자 때문이다. 주식 시장에 외국 자본이 들어오면 단기 외환 보유고가 증가해 우리나라 국가신용도가 좋아지거나 국가의 외환 시장 쇼크를 극복할 수 있는 요인이 된다.

비트코인과 암호화폐는 전 세계에서 24시간 거래된다. 비트코인은 이제 '화폐인지 아닌지' 거론하는 것이 더 이상 무의미할 정도로 네트워크가 커졌다. 한때는 비트코인을 '상품'으로 간주하는 시선도 있었지만, 가격 변동성이 있고 점점 장기적으로 가치가 우상향하는 '자산'으로 인정하는 분위기다. 한국은행에서도 '암호자산'이라는 이름으로 칭하고 있으며, 이전에 비트코인을 '가상화폐'로 표기하던 거래소에서는 '가상자산'으로 바꿔서 표기하는 경우가 많다.

앞으로 암호화폐 거래소는 하나의 자산 시장으로 주식 시장만큼 외화를 유입시킬 수 있는 창구로 활용이 가능하다. 세계의 흐름이 암호화폐 시장을 자산 시장으로 편입하는 추세라면 우리나라도 미리 준비해야 한다. 이제 암호화폐를 투기나 폰지 사기의 대상으로 보는 부정적 이미지를 걷어내고 미래 사회에 맞는 금융 지식을 좀더 대중화시켜야 할 시기이지 않을까 생각한다. 그래야 중앙은행이 발행하는 디지털화폐로 결제할 수 있는 시대에 맞는 환경이 될 것이다.

한국은행의 디지털화폐 발행?

◇◇◇◇◇

디지털화폐CBDC와 블록체인 암호화폐는 어떤 차이가 있을까?

암호화폐 비트코인은 블록체인에서 탄생한 것이고 분산원장 기술DLT을 사용하고 있다. 중앙은행이 발행하는 디지털화폐와 달리, 암호화폐 비트코인은 발행 주체가 없이 암호화 문제를 풀면 일정량이 만들어진다. 이것이 '채굴'인데, 채굴자가 많아지면 문제의 난이도가 높아져서 시스템 보안성이 더 강화된다. 반면 탈중앙화된 비트코인과 달리, CBDC는 중앙은행이라는 발행 주체가 있고 적극적으로 시장에 개입해서 시장에 뿌리는 돈의 양을 통제한다.

비트코인은 원래 서브프라임 모기지 사태가 불러온 미국발 세계경제 위기를 목격하면서 중앙집권화된 화폐가 이런 문제를 불러왔다고 여기고 이에 대한 대안으로 탄생했다. 그런데 시스템이 커지고 나서는 모순적인 상황이 도래했다. 중앙화된 기관이 보증하지 않은 화폐가 성공할 수 없기 때문이다. 비트코인을 각국 정부가 제도화 틀 안에 포함시키지 않는 한 마이너한 화폐로 머물 것이다.

대한민국의 중앙은행인 한국은행에서도 CBDC에 대해 태스크포스 팀이 연구하면서 각국 상황을 주시하고 있는 것으로 알고 있다. 정부에서는 중국이나 일본보다 CBDC 기술 면에서 처지면 안된다고 자각하고 있는 것으로 보인다.

우리나라는 어쩌면 CBDC 발행의 필요성이 아직 크지 않은 나라일 수도 있다. 원화는 한국 내에서만 쓰이는 화폐다. 미국 달러는 기축통화이고 엔화도 달러와 무제한 통화 스와프를 체결해 기축통화에 준한다. 중국 위안화는 아직 무역 거래에 많이 쓰이지 않지만, 코로나 대유행 이후로 원유 시장에서 위안화의 결제 비중이 늘고 있다.

세계 7대 석유 메이저인 영국 브리티시페트롤리엄BP은 2020년 7월 이라크산 원유를 중국에 인도하면서 처음으로 위안화를 받았다. 코로나19 확산으로 각국의 원유 수입이 줄어든 상황에서 먼저 경제 재개에 나선 중국의 원유 수입이 늘자 일어난 일이다. 중국은 인구에 따른 막강한 경제 규모로 위안화를 기축통화의 자리에 올리기 위해 힘쓰고 있다. 디지털 위안화를 정착시키면 경제에 미치는 파급 효과도 클 것이다.

그러나 우리나라는 아직까지 글로벌 결제 통화로서의 위치가 미미하다. 다만, 종이돈을 발행하면서 손실되는 비용, 비상 현금을 쌓아두면서 발생하는 5만원권 품귀 현상 등을 해결하는 방편은 될 수 있다. 디지털화폐는 현금 흐름의 추적이 쉬워 부동산 세금 누락 등을 잡아내는 데도 유용할 것이다.

다른 나라의 상황을 살펴보면, 스웨덴은 현금 이용이 크게 감소한 사회 환경 속에서 민간 전자지급 수단에 대한 의존이 심화되어 그에 따른 독점 문제가 발생할 위험을 해결하기 위해 CBDC 발행을 검토하는 것으로 보인다. 우루과이, 튀니지 등은 지급 결제 인프라가 충분히 구축되지 못한 사회 환경 속에서 국민들의 금융 서비스에 대한 접근성이 낮아 이것을 타개하기 위한 방안으로 CBDC 발행을 고려하고 있다.

신용카드를 쓰는 한국인들이 착각하는 것

◇◇◇◇◇

코로나19 확대로 비대면untact 거래가 확대되자 금융권에서도 디지털 전환이 가속화하고 있다. 이러한 현상은 코로나 상황이 끝난 후에도 계속될 것이라고 모두가 예상하고 있다. 네이버, 카카오 같은 빅테크(대형 IT기업)의 송금, 결제, 자산관리 분야 진출과 토스(비바리퍼블리카) 같은 핀테크 유니콘 기업의 출현으로 위기감은 더 커지고 있다.

우리나라에서 기업이 페이스북에서 광고를 하고 싶으면 비자카드나 마스터카드를 등록해 결제한다. 돈을 버는 글로벌 기업 입장에서 우리나라 사람들은 참 착하다. 신용카드로 결제하는 경우가 많기 때문이다. 어린아이들도 은행 계좌를 가지고 있는 경우가 많은 우리나라에서는 왜 결제 시스템에 비트코인이 언급되는지 쉽게 이해하지 못한다. 신용카드가 없으면 '카카오페이'라도 쓰면 되지 않느냐 생각하는 것이다. 그런데 글로벌 경제 시장에서는 우리나라처럼 결제 플랫폼이 다양하고 불편 없이 쓸 수 있는 환경인 나라가 드물다.

페이스북, 아마존 같은 IT기업이 글로벌 경쟁에서 중국 기업을 쉽게 압도하지 못하는 결정적인 이유가 여기에 있다. 신용카드는 커녕 은행 계좌도 없는 인구가 태반인 나라에서는 결제를 늘릴 방법이 사실상 없다. 일본만 가도 신용카드를 받는 곳이 드물어서 여행할 때 현금과 동전지갑은 필수다. 일본이 지금 당장 넷플릭스와 같은 기업을 만들 수 있다고 해도 결제받을 방법이 없다. 손정의 소프트뱅크 회장이 '일본판 알리바바'를 실현하고 싶어서 선택한 방법은 네이버 라인과 손잡는 것이었다.

중국의 알리바바, 텐센트가 동남아 시장 진출에 사활을 걸고 있듯이 카카오가 노리는 것도 사실은 동남아 시장 진출이다. 우리나라 기업의 시가총액이 낮은 이유는 5천만 명 인구를 대상으로 기업 가치가 매겨지기 때문이다. 3억 2천만 명(미국)과 13억 9천만 명(중국)을 내수 시장으로 가진 기업과는 다르다. 우리나라 기업이 경영을 못 해서 그런 것이 아니다. 카카오나 네이버의 주가가 오르는 것은 포화 상태의 내수 시장을 넘어 글로벌 시장 진출에 대한 가치를 선반영하는 것이라고 봐야 한다. 아직도 지속되고 있는 한한령(한류 제한령)으로 중국 시장은 제쳐두고 일본과 동남아 시장에서 영업이익을 내지 못하면 아무리 빅테크라 해도 성장은 멈추고 말 것이다. 네이버와 카카오가 모두 암호화폐 결제 코인을 만든 데에는 그런 배경이 있다.

3장
금, 달러, 주식, 그리고 비트코인

1

코로나로 기업은 어려운데
주가는 오른다?

주식 시장에서 가치투자를 하려면 저평가된 우량주를 찾아 투자하라고 한다. 영업이익은 회사의 성장성을 보여주므로, 매출 증가와 함께 이익도 증가하는 회사를 찾으라고 한다. 그러나 투자에 영향을 미치는 요소는 그게 전부는 아니다.

 2020년 코로나19 대유행의 여파로 많은 기업들의 매출이 하락하고, 전 세계가 경기 침체에 빠졌다. 3월에는 다른 나라와 마찬가지로 한국도 주가 대폭락을 겪었다. 그런데 8월 코로나 2차 대유행 조짐이 보였을 때 폭락장이 되풀이되지는 않았다. 언론 기사에는 경제를 좀 안다는 사람들이 다음과 같은 식의 댓글을 달았다. "원화 가치가 너무 세서 수출 기업들은 영업이익이 떨어지는데 주가가 오를 수 없다. 망하는 기업이 속출할 것이다." 그렇지만 11월 이후 코스피 지수는 연일 최고점을 찍었다.

그림 4 2020년 코스피 지수

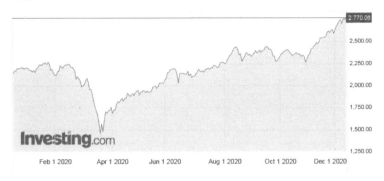

그림 5 2020년 원·달러 환율

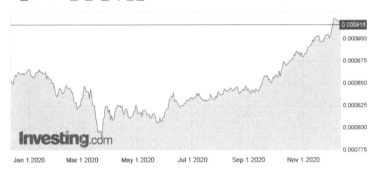

주가 상승의 원인은 원화 강세

◇◇◇◇◇

우리나라는 코로나가 발발한 2020년 1월부터 10월까지 외국인들이 주식을 역대 최대로 내다팔았다. 그러다 11월부터 순매수로 돌아섰는데 그 양이 엄청나다. 이런 현상은 왜 발생할까? 기축국이 아닌 이머징 국가에서 흔히 일어나는 현상이다.

미국 대통령 선거에서 바이든이 당선된 이래로 달러의 평가 절하가 전망됐다. 원화 대비 달러 가격이 계속 낮아질 것으로 생각하

그림 6 삼성전자 주가

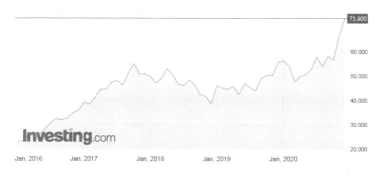

면 외국인 투자는 원화를 사서 펀더멘털이 좋은 삼성전자, LG화학 등의 국내 주식을 사게 된다. 달러 가격이 떨어지는 만큼 헤징하는 것이다. 이렇게 하면 우량주의 배당금 수익까지 얻을 수 있어 플러스 알파가 된다.

우리가 기존의 경제학에서 배웠던 것은 영업이익이 좋아지면 주가가 오른다는 것이었다. 2017~2018년 삼성전자가 영업이익이 최고였던 반도체 수퍼 사이클 시기가 있었다. 그런데도 주가는 6만 원에 이르지 못했다. 그렇지만 코로나 유행 이후 경기 침체 속에서 삼성이 선방하고는 있어도 영업이익이 그때만큼 좋지는 않지만, 2020년 11월 주가가 최고가를 뚫었다. 2017년 말 2018년 초와 비교했을 때 영업이익이 덜한데도 주가는 오르고 시가총액도 커졌다(2017년 11월 3일 56,380원, 2020년 11월 26일 68,000원). 이머징 국가의 주식은 외국인 투자자 비율이 늘어나느냐 줄어드느냐에 따라 달라진다. 미국의 양적완화로 주식 시장으로 자본이 유입되고, 달러 약세 원화 강세로 그 자본이 우리나라 주식 시장까지 흘러들어와 주가를 끌어올린 것이다.

우리나라에도 가치투자를 이야기하면서 유명해진 주식 전문가들이 있다. 우리나라 사람들이 너무 빨리 투자하고 너무 빨리 판다며 비판하기도 한다. 미국처럼 10년, 20년 묵혀두고 투자하자는 것이다. 그렇지만 기축국이 아닌 우리나라에서는 그럴 수가 없다. 미국에서는 기업의 이윤이 창출되고 많은 사람들이 상품을 사용해주면 주가가 오른다. 주식이 간단하고 쉽다. 반면에 한국은 기업이 이익을 많이 낸다고 해서 반드시 주가가 거기에 비례해 상승하는 건 아니다. 잘나가는 애널리스트도 우리나라 주식 시장 예측은 힘들다.

주가가 오르자 비트코인이 올랐다?

◇◇◇◇◇

2017년 말부터 2018년 1월에 우리나라 주식 시장은 최고치였다. 이때는 비트코인 역시 최고가를 뚫던 시점이었다. 2020년에도 같은 상황이 재연됐다. 11월 이후 코스피 지수는 연신 최고점을 돌파했으며, 비트코인 가격도 2018년 1월의 최고점을 돌파했다. 공통점은 원화 강세다.

2018년 1월은 최근 5년간 외환 시장에서 원화 가치가 가장 셀 때였다(2018년 1월 3일 1달러 1,060원). 2020년 11월 이후는 최근 5년간 환율 중에서 두 번째 수치다(2020년 12월 7일 1달러 1,083원). 2020년 11, 12월 상황은 똑같이 원화 강세이긴 하지만, 2018년 1월에 비해 강도는 덜한데 주가는 최고치를 돌파했다. 그 원인을 좀 더 살펴보면 코로나 경제 위기를 극복하기 위해 우리나라를 포

그림 7 코스피 지수

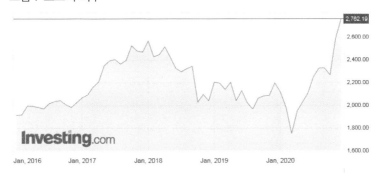

그림 8 비트코인 지수

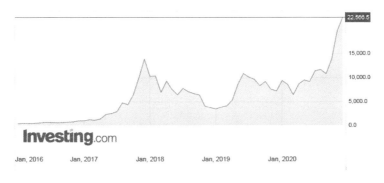

함해 주요국들이 모두 재난지원금을 풀었다는 것이다. 대표적으로 미국 연방준비제도는 무제한 양적완화를 발표하고, 금리 인하와 함께 국채 매입에 뛰어들었다. 이 양적완화의 규모가 크다 보니 환율이 2018년보다 더 내려가지 않았는데도 2020년 11월 주가는 최고치를 뚫은 것으로 해석할 수 있다.

좀 더 확실하게 살펴보려면 달러 인덱스USDX를 보면 된다. 달러 인덱스는 세계 주요 6개국 통화와 비교해 미국 달러의 평균 가치를 지수화한 것이다. 1973년 3월이 기준점 100으로 정해져 있다.

그림 9 달러화 지수(US dollar index)

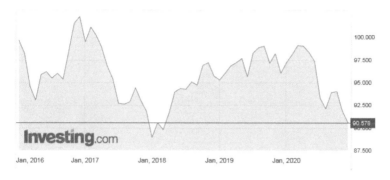

2020년 11월 이후의 달러 인덱스는 점점 떨어지고 있다. 이 상황에서 우리나라의 주가가 오르는 것은 유동성이 많이 풀리면서 벌어진 현상이며, 기업의 영업이익이 잘 나와서 매수한 것이 아님을 알 수 있다. 물론 영업이익의 수준이 어느 정도 뒷받침되고 펀더멘털이 좋은 기업인 경우에 해당하는 말이다. 달러 가치 하락으로 인한 위험 분산이 이 상황에서 외국인 투자자들이 노리는 요점이다.

그런데 만약 달러 인덱스가 2018년 1월 수치만큼 내려간다면 어떻게 될까? 여기서 주가는 더 오를 것이다. 비트코인도 마찬가지다. 2018년 1월 달러 인덱스가 떨어지면서 비트코인이 최고점을 찍고 떨어졌는데, 2020년 11월 그때만큼 달러 인덱스가 떨어지지 않았는데도 비트코인은 최고치를 넘었다. 여기서 만약 달러 인덱스가 2018년 1월 수치만큼 떨어진다면 비트코인 가격은 3,000만 원을 넘을 것이라는 계산이 나온다. 해외의 골드만삭스나 JP모건 등 세계 투자은행IB들은 2021년 전망 보고서를 쓰면서 달러가 약세를 유지할 것으로 봤다.

2020년 11월, 투자자예탁금이 63조 원을 넘겼다고 한다. 주식 매수를 위해 일시적으로 증권사 계좌에 들어와 있거나 주식 매각 후 아직 찾지 않은 돈이다. 이럴 때 주식 투자는 사실 어렵지 않다. 우리나라 주식 시장에서 시가총액이 제일 좋은 것들만 골라서 사면 된다. 삼성전자, 현대자동차, LG화학 등은 외국인 투자자 순매수에서도 최상위권이다. 이런 주식들은 역사상 최고치의 투자액이 주식 시장에 들어오면 주가도 역대 최고치를 찍는다.

2

잠자는 비트코인을 깨운
바이든

2021년 주가 상승이 지속되려면 미국에는 어떤 경기 부양책이 필요할까? 이것은 미국 대통령 선거에서 왜 월가Wall Street가 바이든을 선택했는지와도 연결된다. 트럼프도 바이든도 경기 부양에 힘쓰는 건 똑같다. 그러나 그 방법에 있어서는 차이점이 있다.

지금껏 트럼프의 공화당이 썼던 정책은 조지 H. W. 부시(아버지 부시)와 같은 고립정책이다. 트럼프를 당선시킨 씽크탱크의 20% 이상이 부시와 겹친다. 공화당이 소련을 붕괴시켰던 그때처럼 중국 외에 다른 국가들을 동맹으로 엮어서 상대를 무너뜨리겠다는 정책으로, 보호주의를 강화하는 미국 우선주의 정책America First이기도 하다. 트럼프 경제 정책의 문제는 돈으로만 부양하는 경제책이라는 것이다.

미국의 초당파 조직인 책임정치센터에 따르면, 2020년 미국 대통령 선거를 앞두고 월가의 금융업계는 3분기에 바이든에게 5천만 달러 이상을 기부했으며, 트럼프에게는 1천만 달러를 기부했다. 무려 5배의 차이가 난다. 2021년에도 주식을 올려줄 사람을 원했다면 월가는 왜 트럼프를 선택하지 않았을까?

트럼프의 보호주의 VS. 바이든의 자유주의

◇◇◇◇◇

주가는 6개월 선행한다는 이야기가 있다. 주가는 미래 가치를 선반영하기 때문에 먼저 투자하고 기업 실적은 나중에 올라가면 된다는 것이다. 미국 기업들의 주가가 당장 올라가는 것은 좋지만, 그것이 무너지지 않으려면 영업이익이 올라갈 수 있는 정책을 정부가 지원해 줘야 한다.

미국 나스닥 시가총액 상위 기업은 애플, 마이크로소프트, 아마존닷컴, 알파벳(구글), 페이스북 등이다. 이들 IT기업들의 주가가 터무니없이 많이 올라갔다는 이야기가 많은데, 이들 기업의 가치는 어딘가 물건을 많이 팔 수 있으면 더 커질 수 있을 것이다. 현재 그만큼의 매출이 나오려면 시장은 중국밖에 없다.

미국의 IT기업들이 매출이 나오려면 인터넷망이 잘 깔려 있는 곳이어야 한다. 유럽을 이야기하는 사람도 있지만 우리나라처럼 인터넷망이 촘촘하게 깔려 있지 않아 원하는 매출을 뽑아내기에는 적합하지 않다. 중국과의 무역이 활발하게 이어질 때 이들 상위 IT 기업들이 기업 가치를 제대로 성장시킬 수 있다. 그런데 트럼프는 돈을 풀어서 경제를 부양하기 때문에 주식 시장에 자금 공급은 계속되고 있지만, 이대로 보호무역주의로 가면서 중국과 무역전쟁을 계속한다면 지금의 버블을 유지할 수 없게 된다.

"미국이 돌아왔다!" 이 한마디가 월가의 투자은행들이 품고 있는 마음을 대변하는 선언일지도 모른다. 동맹국과 같이 경제를 활성화시키겠다는 기조이기 때문이다. 글로벌 경기가 활성화되고 글로벌 경제 체인이 다시 작동하면 미국 기업들이 중국으로 들어가 활발하게 경제활동을 할 기회를 갖게 될 것이다. 월가가 원하는 것은 돈을 풀어 내수 소비를 늘리는 것보다 전 세계 물동량이 늘어나고 수출이 활발해지는 것이다. 그렇지 않으면 주식 시장으로 흘러 들어간 자본은 언젠가 버블로 터질 수밖에 없는 상황이 될 것이다.

트럼프의 통화 정책 VS. 바이든의 재정 정책
◇◇◇◇◇

암호화폐 투자자 입장에서도 트럼프보다는 바이든 쪽이 시장에 유리하다고 본다. 민주당과 공화당의 정책을 비교해서 살펴보면, 트럼프의 공화당은 연방준비제도를 옥죄면서 금리를 낮추는 통화 정책을 쓴다. 반면 바이든의 민주당은 정부 정책으로서 재정 정책을 쓴다.

정부가 돈을 쓰는 정책은 이렇게 재정 정책과 통화 정책이 있다. 재정 정책은 국가가 하지만 통화 정책은 중앙은행이 한다. 그런데 은행은 우리에게 돈을 공짜로 주지 않는다. 이자를 꼭 받는다. 위기가 있을 때는 무이자로 돈을 풀기도 하지만, 그렇더라도 몇 년 후에는 꼭 갚아야 하는 돈이다. 반면에 재정 정책은 정부 기관이 돈을 쓴다. 정부는 수익을 내는 기관이 아니다. 한국의 재난지원금처럼 복지 차원에서 쓰는 돈으로 상환에 대한 부담이 없다. 그래서 시장에 유동성을 더욱 확보하면서도 돈을 시장에 훨씬 오래 머물게 할 수 있다.

2020년 미국 대통령 선거 민주당 경선에서 가장 큰 화두가 된 것은 MMT(Modern Monetary Theory, 현대통화이론)다. 그리고 민주당은 대규모 경기 부양책과 확장적 재정 정책을 주요 공약으로 걸었다. 국채를 매입해서 돈을 푸는 지금의 시스템이 아니라 정부가 직접 돈을 뿌리자는 것이다. 정부가 화폐를 계속 찍어낼 수 있는 만큼 인플레이션만 통제할 수 있다면 재정적자는 크게 문제될 것이 없다는 비주류 경제이론이다.

바이든이 대통령 당선인 자격을 얻으면서 MMT의 대가이자 신봉자인 스테파니 켈튼 미국 스토니브룩대 경제학 교수가 바이든의 태스크포스TF에 합류했다. 그는《파이낸셜타임스》와의 인터뷰에서 유동성 공급 과잉으로 유발되는 인플레이션은 증세와 국채 발행으로 제어할 수 있다고 설명했다. 바이든 대통령은 2021년부터 필요한 만큼 무제한으로 돈을 푸는 정책으로 갈 확률이 높다.

미국은 소비의 나라이며, 미국 경제의 3분의 2가 소비로 채워진다. 그래서 고용이 줄고 소비가 급감하면 경제가 무너진다. 2020년 미국에서 코로나 여파가 심각해지자 상반기에는 여야가 재난지원금 지급에 서둘러 합의했다. 1차 부양책 83억 달러, 2차 부양책 1천억 달러, 3차 부양책 2조 2천억 달러, 4차 부양책 4,840억 달러에 합의했다. 위기 상황도 있지만 선거가 그해였기 때문에 어느 쪽이든 딴지를 거는 쪽이 있었다면 욕을 먹었을 것이다.

그런데 하반기에 들어 선거 직전에는 지원금 이야기가 쏙 들어갔다. 누가 대통령이 될지 모르는 상황에서 정치적으로 의견이 돌아섰다. 하원을 주도하는 민주당은 2조 2천억 달러 규모의 부양책을 통과시켰지만 상원에서 공화당의 반대에 부딪쳤다. 공화당은 1조 6천억 달러 수준의 부양책을 내놓았다. 어느 공화당 상원의원은 그마저도 더 줄여야 한다는 내용을 트위터에 올리기도 했다. 트럼프는 1조 8천억을 제시하면서 "나는 지원금을 더 주고 싶지만 공화당에서 합의를 안 해준다"라며 개인 입장으로는 민주당 제시 금액보다 더 하고 싶다고 피력했다. 공화당은 집권당인데도 뉴스만 봐도 지원금 책정 액수가 적었다.

2021년 바이든의 경기 부양책은 규모가 훨씬 클 것으로 예상된다. 코로나가 깊어질수록 돈을 더 많이 푼다는 약속으로 이어졌던 선례를 반영해 예상해 보면, 높아진 시장 유동성은 주가나 비트코인 가격에도 반영돼 자산 가치를 끌어올릴 것으로 기대된다. 아무리 정부가 전쟁에 준한 전염병 사태에 돈을 풀어도 일반인들은 움직임에 제한을 받기 때문에 밖에 나갈 수가 없으며, 내수 소비가 커지기에는 한계가 있다. 풀려나간 돈은 결과적으로 자산 시장으로 흡수될 수밖에 없다.

친비트코인 인사들에게 경제를 자문하다

◇◇◇◇◇

2021년에 코로나19 백신이 나온다고 해도 전 세계 인구가 충분한 비율로 백신을 맞으려면 어느 정도 시간이 필요하다. 이동 제한은 당분간 계속될 것이고, 돈을 찍어내는 정책도 당분간은 계속될 것이다. 그렇다면 사람들은 이 돈을 어디에 쓸까? 당장 먹고 생활하는 데 돈을 쓰고 나면 노는 데 쓰지 못한 돈은 불확실한 미래에 대비하기 위해 자산 시장에 넣을 것이다.

전염병 유행이 깊어지는데 어떻게 기업 가치가 오르고 주가가 오르냐 싶겠지만, 미래가 불확실한 상황에서 젊은이들까지 주식이나 비트코인에 투자할 수밖에 없다. 안 그래도 취업이 잘 안 되는데 코로나 유행 여파로 기업 채용이 줄어들면, 고학력자들조차 생존할 수 있는 것은 자산 시장밖에 없다는 생각에 내몰리게 된다.

바이든의 경제자문 위원단으로 포진하고 있는 인사들을 살펴보면 친비트코인 인사들이 많다. 암호화폐 분야에 정통한 게리 겐슬러 전 상품선물거래위원회 위원장은 은행과 증권 규제를 검토하는 경제팀장으로 지명되었다. MIT 슬론 경영대학원 사이먼 존슨 교수는 디지털화폐와 블록체인 기술이 금융에 미칠 영향을 연구하고 있다. 조지타운대학교 국제경제법연구소 크리스 브루머 교수는 페이스북의 리브라 프로젝트 의회 청문회 증인으로 나섰던 인물이다. 캘리포니아대 메흐사 바라다란 교수는 금융위원회 청문회에서 블록체인과 암호화폐 규제 프레임워크의 필요성을 주장했다. 콜럼비아대 레브 메난드 교수는 '디지털 달러' 개념의 창시자 중 한 명이다.

바이든의 경제 공약을 보면 장기보유 주식 양도세를 23.8%에서 39.6%로 올리겠다고 했는데, 비트코인 장기차익세 15~20%보다 높다는 것 때문에 주식 자금 일부가 비트코인 시장으로 이동하는 원인으로 작용할 것으로 보인다. 바이든은 법인세 최고세율도

21%에서 28%로 올리겠다고 했는데, 미국 주식 시장에서 자사주 매입이 큰 동력이라는 걸 생각하면 기업들은 자사주 매입 대신 비트코인 매입을 고려할 수도 있다. 미국의 비즈니스 인텔리전스 솔루션 업체인 마이크로스트레티지MicroStrategy는 2020년 8월에 처음 2억 5천만 달러어치의 비트코인 매수에 나선 이후에, 9월에는 1억 7,500만 달러어치를 추가 매수했으며, 12월에 5천만 달러 추가 매입에 나섰다. 이 기업의 투자 이력이 재밌는 것은 나스닥 상장 기업 중에 비트코인 직접투자에 나선 1호 기업이기 때문이다.

이 기업은 비트코인 투자 이후에 주가가 3배가량 증가한다. 2021년 1월 현재 비트코인은 4배가 상승했고 주가는 3배 상승한 터라 회사로서는 비트코인 투자에 긍정적일 수밖에 없다. 비트코인을 추가 구매하기 위해 이 회사는 6억 5천만 달러의 전환사채까지 발행했을 정도다.

그런데 증세안이 현실화되면 자사주 매입에 대한 매력은 떨어진다.

미국도 비트코인 블록체인을 합법적인 제도 안에서 관리해야 된다는 걸 인지하고 있는 사람들이 바이든 경제팀에 대거 포진함으로써 앞으로 미국도 비트코인에 상당 부분 우호적인 입장을 보일 것이다.

양적완화를 실시하는 미국 정부 입장에서는 돈을 뿌릴수록 시장에 인플레이션 압력을 주기 때문에 이것을 흡수해 줄 자산 시장을 하나 더 만들어야 되는 숙제가 있다. 미국이 무역 규모가 줄었지만 아직도 달러가 강세인 건 애플 같은 기업의 주가가 계속 오르기 때문이다. 그것이 바로 달러를 사려는 수요가 된다. 그런데 어느 순간에 이런 기업의 주가가 멈춰야 된다고 생각할 때가 있을 것이다. 미국이 나스닥처럼 비트코인 시장을 하나 만들어버리면 그 시장에 달러를 유입시킬 수 있는 시장 상황을 만들 수 있다. 미국은 상당 부분 외국으로 유출된 달러를 다시 받아옴으로써 달러 가치를 희석시킬 수 있다.

바이든이 당선되면서 410K 연금에서 비트코인 쪽으로 투자하려고 한다는 뉴스 등이 자주 등장했다. 그리고 바이든이 당선된 다음부터 비트코인은 폭등했다. 바이든 역시 시장에 엄청난 돈을 뿌릴 것이라는 기대감 때문이다. 비트코인 시장에도 더 많은 자금이 들어올 것이라고 예상할 수 있다.

3

양적완화가 끝나면
불어닥칠 일들

1980년대 후반에 엔화 가치가 상승하자 일본에서는 명품을 사고 고가의 미술품 경매에 나서는 사람이 많았다. 시장에 돈이 많아지면 고가의 명품들은 나중에 더 가치 있어질 것이라고 믿게 된다. 에르메스 같은 명품은 1천만 원에 사면 1,500만 원에 팔 수 있다고 생각해서 산다고 한다. 샤넬과 재테크를 합성한 '샤테크'라는 말도 있다.

샤넬, 루이비통, 구찌, 프라다, 티파니 등 고가 브랜드는 가격이 오른다는 소식이 감지되면 상품을 사려는 소비자들이 백화점 매장이 개장되기 전부터 줄을 서서 기다리는 오픈런open-run이 연출된다. 가격이 오르기 전에 사두려는 것이다. 견고하게 수요가 뒷받침되어 있기 때문에 명품 브랜드들은 1년에 몇 차례씩 의도적으로 가격을 올리는 방법을 취하기도 한다.

자산이나 채권을 손실 없이 현금화할 수 있는 정도를 유동성이라고 한다. 명품은 중고 시장에서도 제값을 받고 팔 수 있는 유동성 있는 상품이다. 마치 콘서트 티켓을 사재기하는 암표 상인처럼 명품백에 프리미엄을 붙여서 중고 거래 플랫폼에 되파는 리셀러 reseller도 있을 정도다.

비트코인 역시 명품처럼 이해관계로 얽인 많은 사람들이 얽히고 설켜 시장이 형성돼 있고 장기적으로 가격이 오를 수밖에 없는 상황이 되고 있다. 그것도 전 세계가 이해관계로 얽혀 있는 시장 말이다. 지금의 경제 상황에서 비트코인의 가치를 폭망하게 만들 만한 요인은 보이지 않는다.

새로운 시대의 새로운 자산 시장

◇◇◇◇◇

비트코인 가격이 오르내리는 걸 보면서 주식 시장과 비교하는 사람들이 많이 있었다. 지금 우리는 신용화폐 경제에 살고 있지만, 이전의 금본위제에서도 주식 시장은 있었다. 그리고 지금의 신용화폐 제도에도 주식 시장은 있다. 그러나 비트코인 암호화폐 시장은 금본위제에는 없었다. 그러다 보니 어긋난 예측을 하는 사람들이 많다. 주식 시장도 신용화폐 제도에 맞춘 사고를 하기보다 금본위제에 맞는 원칙으로 예상하다 보니 예측이 자주 어긋난다.

기존의 경제학에서 배운 대로라면 기업이 물건을 많이 팔면 영업이익이 늘고 주가는 올라간다. 그런데 이것이 언제나 들어맞는 것은 아니다. 오히려 더 중요한 요인은 다른 데 있는 게 아닌가 싶

그림 10 미국의 통화량 증가

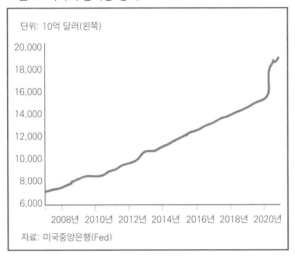

단위: 10억 달러(왼쪽)

자료: 미국중앙은행(Fed)

을 정도로 들어맞지 않는다. 우리나라 기업들은 코로나 이전에 물건을 더 많이 팔았는데 코로나 이후보다 주가는 낮았다. 그러면 우리나라 주가는 무엇에 움직였을까? 미국의 양적완화다. 우리가 지금 미국 달러 중심의 신용화폐 제도에 살고 있기 때문이다. 기축국이 아닌 우리나라의 주식은 원화의 가치가 세냐 아니냐에 따라서 주가가 산정된다. 아무리 실물경제가 어려워도 증시와 집값은 들썩거린다.

금본위제에서 금을 교환하는 태환화폐였던 미국 달러는 금 보유량만큼만 찍어야 했다. 그러나 1971년 닉슨 대통령이 금과 달러를 바꿔주는 태환을 중지하면서 금 대신 '신용'이라는 새로운 가치에 연동된 달러는 미국이 원하는 만큼 발행할 수 있게 되었다. 2008년 서브프라임 모기지 사태 이후 미국 연방준비제도 의장이 된 벤 버냉키는 "경제가 어려울 땐 헬리콥터로 공중에서 돈을 뿌려서라도 경기를 부양해야 한다"라고 말해서 '헬리콥터 벤'이라는 별명이 붙을 정도였다.

미국은 양적완화로 달러를 계속 찍어내면서 시장에 유동성을 줄 수 있기 때문에 미국의 주식은 장기적으로 상한가를 간다. 우리나라 주식도 마찬가지로 미국이 양적완화로 달러를 계속 찍어내면 자본이 몰리면서 주가가 오른다. 새로운 자산 시장으로 자리잡고 있는 비트코인 암호화폐 시장도 이와 같아서 저금리 시대가 계속되는 한 같은 궤도를 보일 것이다.

그렇다면 비트코인은 언제 하락세로 돌아서는 걸까?

달러가 강해지면 비트코인은 약해진다

◇◇◇◇◇

비트코인의 탄생은 2008년 서브프라임 모기지 사태에서 출발한다. 비트코인의 기본 개념은 '달러는 타락했고 새로운 대안이 필요하다'라는 것이다. 실제로 비트코인의 가치가 높아지는 시기는 달러의 타락을 이야기하는 사람이 많을 때였다. 2018년 1월처럼 달러 가치가 하락하고 유동성이 많았던 시기에는 비트코인이 상승했다. 반대로 양적완화를 종료하고 저금리 시대가 끝나면 비트코인은 하락 궤도를 보일 것이다.

바이든 대통령 당선인이 재닛 옐런 전 연방준비제도 의장을 재무장관으로 지명한 뒤 뉴욕 증시가 모두 상승세를 보였다. 재닛 옐런이 벤 버냉키에 이어 연준 의장을 지내며 양적완화를 이어갔던 인물이라서 기대감이 반영된 것이다. 2021년 비트코인 시장에도 완전고용으로 돌아가기 위한 그녀의 재정 정책이 긍정적 영향으로 반영될 것이다.

다만 조심할 점이 있다. 2014년부터 연준 의장으로 일했던 재닛 옐런은 2015년 금융위기 이후 처음으로 미국 기준금리를 인상하는 결정을 내렸고 이후 총 5회 금리 인상에 나섰다. 기본적으로 재닛 옐런은 양적완화 정책하에 돈을 뿌릴 줄 아는 사람이지만, 언제 이 정책 기조를 바꾸는지 반드시 체크해야 한다.

양적완화 뒤에는 거품을 빼야 한다는 것도 알고 있는 사람이기 때문에, 미국 경제가 안정화됐을 때 재정 정책을 긴축으로 돌리려고 할 것이다. 그때는 기축국이 아닌 우리나라의 투자자들이 진짜 조심해야 할 때다. 양적완화가 끝나면서 달러가 강세로 돌아서면 주식 시장이 후퇴할 수 있다. 그렇게 되면 비트코인 시장도 마찬가지로 하락장을 맞을 것이다.

우리나라 주식 시장에 들어와 있던 외국인 투자자들은 미국 금리 인상에 대한 가이드가 나오면, 이자가 오르기 전에 투자했던 돈을 회수해 미국으로 다시 들어갈 것이다. 빚을 먼저 갚아야 되겠다는 생각이 먼저이기 때문이다. 이번에도 금리 인상, 양적완화 축소, 재난지원금 축소 같은 정책들이 증시 하락은 물론 비트코인 가격 하락의 요인이 될 수 있다. 그 시점을 언제쯤으로 파악할 것이냐에 따라 투자 성패가 갈릴 것이다.

주식 시장과 비트코인의 연관성

◇◇◇◇◇

사실 미국의 주식 시장과 비트코인을 연관 지을 수는 없다. 그러나 기축이 아닌 나라 중에서 성장하고 있는 나라들의 공통점이 있다. 기축국의 화폐 가치가 떨어지면 주가나 비트코인 가격이 올랐다는 것이다. 헤징을 위해 이머징 국가로 외국인 투자가 몰리기 때문이다.

일본은 플라자합의로 환율 조정이 된 이후 1989년 니케이 지수가 4배까지 올랐던 적이 있다. 수출이 그만큼 늘었기 때문이 아니다. 오히려 수출은 줄었지만 엔화 가치 상승으로 인해 주식 시장에 돈이 몰린 것이다.

기축국인 미국 이외의 국가 중에서도 특히 이머징 국가(신흥 개발국)의 경우를 주목할 필요가 있다. 2000년대 이후로 개발도상국이라는 이름 대신 통용되고 있는 것이 이머징 국가다. 경제 성장, 산업화 과정에 있는 국가로, 현재는 가장 큰 규모의 중국, 인도를 포함해 28개의 신흥 시장이 있다. 자주 선정된 국가로는 터키, 이집

그림 11 니케이 지수(1985~2020년)

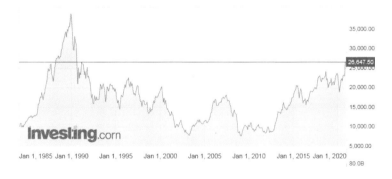

트, 인도네시아 등이다. BRICS(브라질·러시아·인도·중국·남아프리카공화국), MINT(멕시코·인도네시아·나이지리아·터키), MAVINS(멕시코·호주·베트남·인도네시아·나이지리아·남아프리카공화국) 등은 모두 금융권이나 경제지에서 이머징 마켓에 붙인 이름들이다.

대한민국의 경우에는 영국의 FTSE, 미국의 S&P, 다우존스 기준으로는 선진국으로 분류되지만, MSCI(모건스탠리캐피털인터내셔널)의 경우에는 신흥국 대우를 받는다.

2018년 비트코인이 최고점일 때 우리나라의 주가도 최고점이었다. 2020년 우리나라 주가가 최고점을 경신했을 때도 비트코인은 2만 달러를 넘어 최고점을 경신했다. 이것의 상관관계는 환율이다. 미국의 달러 가치가 떨어지면 헤징 개념으로 다른 나라 통화를 사기 때문에 우리나라 주식도 오르는 것이다. 비트코인 역시 마치 기축국이 아닌 국가의 주식처럼 자본이 흘러 들어와 함께 상승장을 이룬다.

4

달러보다 금,
금보다 비트코인

영국의 존 메이나드 케인스John Maynard Keynes, 1883-1946는 경제학에서 중요하게 다루는 인물이다. 기존의 자유방임주의에 중대한 수정을 가해 자본주의가 망하지 않도록 해준 인물이기 때문이다. 1930년대 대공황 시기의 높은 실업률과 경기 침체에 대해, 정부가 금리를 인하하고 거시적인 규모로 지출을 늘리는 정책을 펴면 국민들의 소비와 투자가 유도되어 경제가 회복할 것이라는 주장을 폈다. 당시 미국의 루스벨트 대통령이 시행한 뉴딜 정책은 케인스의 이론이 맞다는 것을 증명했고, 이후 케인스 경제학은 각국의 경제 정책에서 기본 지침이 되었다.

1970년대 석유 파동 등으로 인한 경기 침체에는 신자유주의 이론이 부각되기는 했지만, 2007년부터 2010년의 금융위기를 지나면서 케인스 경제학은 다시 재조명받았다. 케인스의 대표작 『고용,

이자, 화폐에 관한 일반 이론』의 핵심은 소비와 투자를 확보하기 위한 정부의 공공 지출이 필요하다는 것이다.

경제학자 중에는 주식 투자에 대박을 낸 사람이 거의 없다고 알려져 있는데, 그중에서 케인스는 특이하게도 대공황의 위기에도 120%의 수익을 올린 것으로 유명하다. 아마도 기존의 통념을 과감히 수정할 줄 아는 혁명적 기질 덕분이었을지도 모르겠다.

주가가 내려가면 금값은 상승한댔잖아!?

◇ ◇ ◇ ◇ ◇

2020년 코로나 확산으로 인해 또 한 번의 세계적인 경제 위기가 닥쳐왔다. 현재 세상에서 가장 안전한 돈은 누가 뭐라 해도 미국 달러이지만, 이런 위기 상황이 올 때마다 달러는 위협받는다. 달러가 위험해질 때마다 투자자들은 그보다 안전한 자산을 찾아 금 시장으로 이탈한다.

2020년 달러 인덱스와 금 선물 차트를 비교해 보면 3월에 달러가 강세일 때는 금값이 잠시 하락했지만, 8월에 달러가 약해지자 금값이 상승했다. 투자자들에게 안전자산으로 인식되고 있는 금은 트럼프 임기가 시작된 후 2018년부터 온스당 1,300달러에서 꾸준히 올라가 2000년 8월 2,000달러까지 갔다. 그런데 8월 이후의 상황을 보면 뭔가 이상하다.

2020년 8월 이후 달러 인덱스가 내려가고 있는데 금값도 같이 내려가고 있다. 금값이 최고점일 때 각국의 중앙은행이 10년 만에 처음 '팔자'에 나섰다는 이야기도 들린다. 이것은 주가 차트와 함께

그림 12 금 선물 차트(2020년)

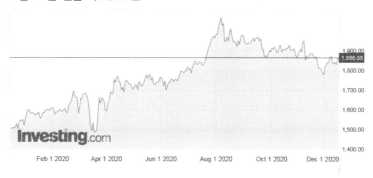

그림 13 달러 인덱스(2020년)

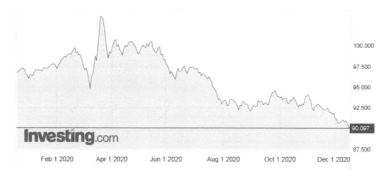

그림 14 나스닥 지수(2020년)

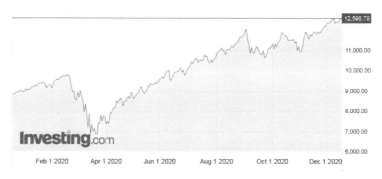

봐도 기존의 통념과는 다른 이상한 현상이다.

통상 주가가 오를 때는 금값이 오르지 않는다. 금이라는 건 안전 자산으로 통하고, 주식은 리스크 투자다. 그래서 주식에 투자할 때 는 금에 투자할 여력이 없다. 그런데 시장 상황이 우리가 주류 경제학에서 배운 것이 무색하게 뒤죽박죽되었다.

우리가 배우는 경제학책은 신용화폐제가 시작된 1980년대 이전에 쓰인 것들이다. 케인스만 해도 1944년 미국 달러를 기축으로 하는 금본위제의 브레튼우즈 체제가 만들어질 때 살았던 사람이다. 우리가 아는 경제학은 금본위제를 중심으로 쓰인 것들이 많다. 신용화폐제도에 안 살아본 사람이 그에 맞는 이론을 쓸 수는 없었을 것이다. 그래서 그런지 신용화폐제도에서 산 지 30여 년이 됐지만 우리는 아직 금본위제에 익숙한 사고를 하기도 한다.

2020년 3월 금 선물 차트와 나스닥 지수를 같이 보면 주가가 하락하는데 금값도 같이 하락하는 기현상을 보였다. 갑자기 믿을 건 달러밖에 없다는 듯 코로나로 인한 실물 경제 충격을 자산 시장에서도 볼 수 있었다. 이때는 위험자산인 주식과 안전자산인 채권이 같이 하락하기도 했는데, 위험을 피해 무조건 현금화하고 보자는 기현상이 나타났다.

다시 8월의 주가와 금값을 살펴보면 여기서는 동반 상승을 하고 있다. 이런 현상은 월가에서 바이든을 선택했다는 것과도 연결된다. 금이라는 자산은 가격 변동이 있긴 하지만 갖고 있으면 불어나거나 하는 자산은 아니다. 또 돈이 이렇게 많이 풀려도 되나 싶을 만큼 시장에 너무나 많은 돈이 뿌려지다 보니 의구심이 드는 한편 투자를 안 하면 망한다는 이야기가 돈다. 그래서 사람들은 주식 투자도 하면서 금까지 같이 사는 것이다. 상환하지 않아도 되는 지원금을 받다 보니 위험자산과 안전자산을 같이 살 여력까지 생긴 것이다.

예전 강남 부자들은 금을 금고에 넣어두었다. 금고에는 달러를 쌓아두기도 했는데, 그만큼 돈이 많은 사람들은 금과 주식에 같이 투자할 여력이 있다. 그런데 통화량이 늘어나면서 중산층도 금과 주식에 동시에 투자할 수 있게 된 것이다.

위기 상황에 금을 버리고 비트코인을 산다?

◇◇◇◇◇

얼마 전까지만 해도 비트코인 차트와 금 차트가 겹치는 상황이 연출되다 보니 "비트코인은 금과 같다"라고 말하는 사람도 있었다. 그러나 이제부터는 성격을 엄밀히 구분해야 한다고 생각한다. 2018년에 비트코인이 급락했을 때는 금값이 올랐다. 2020년 11월 이후에 금값은 상승세를 멈추었지만, 비트코인은 상승세를 타

그림 15 비트코인 지수(2020년)

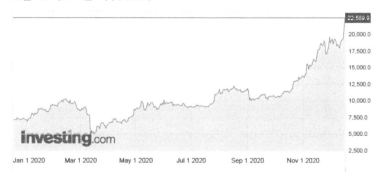

고 있다.

비트코인은 리스크자산으로 평가받고 있으며, 안전자산인 금과는 다른 성격을 지닌다. 대신 암호화폐 시장에서는 비트코인이 기축이기 때문에 '비트코인은 디지털 금이다'라는 표현이 더 정확할 것이다.

그런데 2020년 11월 이후의 미국 나스닥 지수와 비트코인을 함께 살펴보면 동반 상승세를 보이고 있다. 리스크 투자에 대한 심리가 강해진 상황에서 양적완화 이후 늘어난 돈이 미국 주식 시장으로도 비트코인 시장으로도 흘러 들어간 것이다. 코로나 상황으로 경제가 힘들긴 하지만 바이든이 당선되면서 새로운 대통령 새로운 임기에 대한 기대심리가 일어난 것으로 보인다. 새 정부가 엄청난 재정부양책을 쓸 것이라 예상되기도 한다. 2021년 상반기는 당장은 금 투자를 줄이고 리스크 투자를 해도 돈을 벌 수 있겠다는 판단이다.

한국국학진흥원은 연말마다 새해를 여는 사자성어를 공모하여 운영 철학이 담긴 사자성어를 선정한다. 신의두뇌 투자팀에서 꼽은 2021년 새해 키워드는 '퍼펙트 버블'이다.

미국 연방준비제도가 기준금리를 점진적으로 바꾼다는 룰을 깨고 0.05%포인트 낮춘 1.00~1.25%로 결정한다는 뉴스도 나왔다. 빅 컷Big cut이라고 해서 제로 금리 근처까지 붙여놓은 상황이다. 코로나 유행이 있지만 바이든이 대통령이 되면서 유동성은 늘어나고 돈을 푸는 재정 정책까지 가담할 전망이다. 비트코인은 상승 기류를 탈 준비를 마쳤는데, 2020년 11월 이미 비트코인의 상승세는 시작되었다. 2017년의 상승장과 달리 이번의 가격 상승은 개인이 아닌 기관투자자들에 의해 이뤄진다는 점이 특징이다. 코로나 유행으로 인한 비대면 시대에 헤지펀드들도 금보다는 비트코인을 선호하고 있다. 게다가 고령층은 전통적인 안전자산인 금을 좋아하지만, 젊은 세대들은 비트코인을 좋아한다. 비트코인은 미래 세대의 새로운 자산 시장이다.

5

비트코인이
오르는 이유

우리는 서브프라임 모기지 사태에서 비트코인이 시작되었다는 것
을 잊으면 안 된다.

2008년 서브프라임 모기지 사태로 미국발 금융위기가 터진다. 이
것은 글로벌 금융위기로 확산되는데, 이때 무제한으로 찍어내는
달러는 더 이상 믿을 수 없다는 생각으로 탄생시킨 것이 비트코인
이다. 비트코인을 보면 1.00000000로 표기하는데, 이 소수점 단위
를 '사토시'라고 부른다. 달러에 대한 반감에서 시작됐기 때문에 비
트코인은 달러와는 반대의 의미로 작동한다고 이해할 수 있다.

결론부터 말하자면 양적완화로 달러를 찍어내면 찍어낼수록 비
트코인은 가격이 오른다. 달러는 총량이 정해져 있지 않아 무제한
으로 찍어낼 수 있기 때문에, 공급량이 늘어나면 인플레이션 압력
을 받는다. 시장에 유통되는 달러의 양이 늘어나면, 결국 물건값은

높아지고 달러는 약해지는 것이다. 그러나 비트코인은 채굴량이 2,100만 개로 정해져 있다. 이것은 처음부터 달러처럼 마구 찍어 낼 수 없도록 설계되어 있다는 뜻이다.

가격변동성이 금의 단점을 보완한다

◇◇◇◇◇

많은 사람들이 비트코인에 대해 착각하는 것이 있다. 비트코인은 가격이 급변하기 때문에 화폐로서의 사용이 불가능하다는 것이다. 그러나 그것은 구조의 문제일 뿐, 가격변동성 때문에 화폐로 쓰지 못한다는 생각은 금본위제의 실패 요인을 간과했기 때문이다.

우리는 신용화폐 제도하의 세상을 살고 있다. 1971년 미국의 닉슨 대통령이 더 이상 달러를 가져와도 금으로 바꿔주지 않겠다고 선언함으로써 금본위제는 폐지되었다. 금본위제가 유지되지 못한 가장 큰 요인은 금 매장량은 한계가 있어서 금의 양은 크게 늘지 못하는데 세계 경제 규모는 빠르게 늘어난다는 것이다. 경제 규모에 맞게 화폐 유통량도 늘어야 하는데, 무역 규모에 써야 할 화폐 공급량이 딸리면 시장은 원활하게 돌아가지 못하는 상황이 된다.

비트코인은 흔히 '디지털 금'이라고 불린다. 비트코인은 공급이 일정하지만 필요에 따라 가격이 변동하기 때문에, 비트코인 경제 시장이 커지면 비트코인의 공급량을 달러처럼 올리지 못하더라도 비트코인의 가격을 올려 시장에 더 많은 화폐를 빠르게 유통시킬 수 있다. 그래서 비트코인은 1.00000000이라는 형태로 나뉘어 있는 것이다.

우리가 실물 지폐를 사용할 때 예를 들어 1만 원권 지폐를 10분의 1로 쪼갠다고 해서 1천 원으로 쓸 수는 없다. 그러나 비트코인은 디지털 자산이라는 특성상 이것이 가능하다. 1비트코인(BTC)이 1억 원이라면 0.1BTC는 1천만 원, 0.01BTC는 100만 원, 0.001BTC는 10만 원, 0.0001BTC는 1만 원, 0.00001BTC는 1천 원, 0.000001BTC는 100원으로 쪼개서 사용할 수 있다.

비트코인을 화폐라고 한다면 그 공급량은 정해져 있지만, 시장 규모가 커졌을 때는 비트코인의 가치를 상승시켜 금본위제처럼 금이 부족해서 화폐 유통을 빠르게 하지 못하는 단점을 보완할 수 있다. 달러는 공급량이 늘면 상품에 인플레이션이 오는데, 반대로 비트코인은 화폐에 인플레이션이 오도록 설계되어 있다. 화폐는 고정돼 있고 물건 가격이 오르내리는 지금의 실물 경제와 다르게, 비트코인 자산 시장에서는 물건이 아니라 화폐에 변동성이 생기도록 설계되어 있는 것이다.

저성장, 저금리, 디플레이션의 역습
◇◇◇◇◇

미국 달러를 기축통화로 하고 있는 신용화폐 제도하에 우리는 살고 있다. 금본위제에서 미국 달러가 기축통화로 작동할 때에는 달러를 찍어내면 인플레이션이 온다는 것이 기본 원리로 인식되었다. 그런데 우리는 금융위기 극복을 위한 미국의 양적완화를 목도했고 수많은 달러를 찍어낸 시대에 살고 있지만, 디플레이션을 걱정하며 살고 있다. 우리가 알고 있던 경제 상식과는 반대의 경험을 하고 있는 것이다.

여기서 우리는 미국 연방준비제도의 거짓말을 가려낼 줄 알아야 한다.

2008년 금융위기 이후로 연준은 물가 목표치를 2%로 맞추고 금리를 낮춰 유동성을 공급한다고 했다. 기존의 경제학 상식에서 우리는 금리를 낮추고 돈을 풀면 당연히 물건값이 오른다고 배웠다. 그러나 우리는 속았다. 연준은 돈을 계속 풀었지만 여전히 물가는 2%에 도달하지 못하고 있다. 그 이유가 무엇일까?

여기서 투자하고 있는 사람과 그렇지 않은 사람의 시선 차이가 생겨난다. 돈을 계속 풀어도 물가가 오르지 않는 이유는 바로 자산 시장이라는 무기가 생겼기 때문이다. 연준이 돈을 아무리 찍어도 그 돈은 이제 실물경제 시장에 머물러 있지 않는다. 글로벌 경제 이전처럼 자본 시장이 크지 않을 때에는 달러를 찍어내면 그것이 시장에 남아 달러의 총 유통량이 많아지고 인플레이션으로 직결되었다. 그러나 자산 시장이 지속적으로 성장하고 규모가 커지면서 이제 달러는 많이 찍어내도 주식 시장이 흡수한다. 실물경제 시장에 돈을 뿌려도 그 달러의 양은 자산 시장으로 빨려들어가 잔존하는 달러의 양이 없어 인플레이션이 올 수 없는 것이다.

이전과는 완전히 다른 모습이다. 연준이 돈을 풀어도 우리가 실제 생활하는 실물경제(메인 스트리트)에는 달러 공급이 제한되고, 그 대신 미국의 주식과 부동산으로 공급된 달러가 가격 상승의 요인으로 작동하는 것이다.

그런데 영원한 것은 없는 법인데, 만약 어느 순간 미국의 주식 시장이 성장을 멈춘다면 어떻게 될까? 자산 시장으로 들어간 달러는 과연 어떻게 될까? 만약 시장에 버블이 터질 조짐이 보인다면 연준은 어떤 대책을 갖고 있을까?

실물경제에 인플레이션을 불러오지 않고 주식 시장으로 흘러들어간 달러 유동성이 또 다른 시장으로 흘러 들어갈 수 있다면 문제가 없을 것이다. 신용화폐 제도에서는 이 달러를 쓸 수 있는 시장을 찾으면 그만큼 달러를 더 찍을 수 있게 되는 것이다. 이러한 새로운 마켓을 나는 속칭 '쓰레기통'이라고 부른다. 달러를 담을 수 있는 새로운 쓰레기통을 찾으면 되는 것이다. 바로 비트코인 시장이 새로운 대안이 될 수 있다.

넘치는 달러를 받아낼 곳이 있으면

◇◇◇◇◇

2008년 서브프라임 모기지 사태 이후로 세계 경기는 위축되었다. 미국은 엄청난 양의 달러를 찍었고, 이는 인플레이션 현상으로 직결될 수도 있었다. 그러나 우려는 현실이 되지 않았다. 달러를 받아줄 쓰레기통이었던 서브프라임 모기지 채권이 붕괴해 자산 시장의 하락은 수순이었다. 그런데도 왜 인플레이션은 오지 않았을까? 바로 중국의 성장이라는 요소가 달러를 지켜준 배경이었다.

달러의 가치 상승과 하락을 표시하는 달러 인덱스를 보면 2008년 역대 최대 하락폭인 72 밑으로 내려간다. 미국은 자국 기업을 살리기 위해 어마어마한 돈을 풀었고, 달러 가치는 최악의 상태까지 치달을 상황이었지만 그렇지 않았다. 달러가 망할 것이라는 둥 금융자본주의는 망할 것이라는 둥 말은 많았지만, 중국이라는 나

그림 16 미국 달러 지수

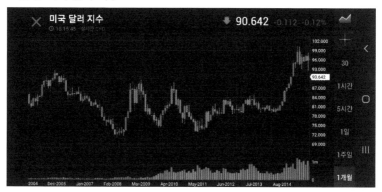

라가 달러를 빠르게 흡수하면서 달러 가치는 더 이상 떨어지지 않았다. 누군가 달러를 받아주는 곳이 있으면 가치 하락은 일어나지 않기 때문이다. 미국 입장에서, 그리고 미국 달러를 기축통화로 살아가는 글로벌 경제에서 2008년 이후 중국은 구원투수로 등판해 견인차 역할을 하게 된다.

코로나 이후의 상황도 마찬가지다. 2008년 금융위기 때보다 더 많은 달러를 찍어냈는데도 재밌는 결과가 나왔다. 달러 가치는 80 이하로 떨어지지 않았다. 이것은 무엇을 의미할까? 왜 돈을 찍어내는 양이 많아졌는데 달러 가치는 떨어지지 않았을까? 십수 년 전부터 달러는 망할 것이라고 했던 경제학자들의 말은 왜 맞지 않았을까?

바로 2008년 이후부터 본격적으로 미국의 자산 시장이 커지기 시작했기 때문이다. 2014년에 들어가면서는 이전의 상승률과 완전히 다른 가파르게 오르는 상승세가 보인다. 그리고 달러를 찍어내는 양이 늘었는데도 달러 인덱스는 한 번도 80 밑으로는 내려가

그림 17 나스닥 종합지수

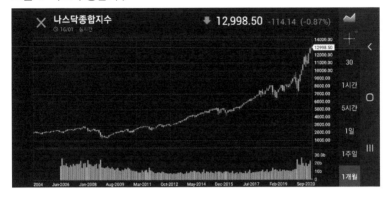

지 않았다.

이제 규모가 커진 자산 시장으로 미국이 찍어내는 달러를 지속적으로 유입시키면 달러의 약세는 오지 않는다. 다만 가치가 선반영되는 주식 시장이 성장을 멈추고 잠시 쓰레기통에 넣어두었던 달러가 다시 우리가 사는 실물 시장으로 쏟아져 나온다면 미국은 또 다른 대안이 필요하다. 새로운 자산 시장, 새로운 버블이 필요해지는 것이다.

4차 산업혁명으로 열리는 새로운 시장

◇◇◇◇◇

주식 시장이 위험해지기 전에 비트코인 시장과 같은 새로운 디지털 자산 시장이 태동한다면 달러를 받아주는 새로운 출구가 생겨나는 것이다. 그렇다면 미국은 앞으로도 계속해서 달러를 찍어낼 수 있다. 이것이 바로 비트코인의 성장이 용인되는 배경이다.

미국 월가의 비트코인 공략은 이미 시작되었다. 나스닥 상장사들도 비트코인에 관심을 보이고 있다. 2020년부터 각국은 '가상화폐' '암호화폐'라는 용어보다 '암호자산' '디지털 자산'이라는 용어로 통일해서 부르기 시작했다. 코로나 팬데믹 상황에서 지구상의 거의 모든 나라가 미국처럼 양적완화를 하고 있다. 그런 어마어마한 유동성이 화폐 하락으로 이어지지 않도록 결국 비트코인이 돌파구가 될 수 있는 상황이 조성되었다.

비트코인 가격이 상승하는 또 다른 이유는 중국의 디지털 회사들에서 찾을 수 있다. 화웨이 제재, 틱톡 사용 금지 행정명령 등의 뉴스들을 접한 적이 있을 것이다. 미국은 왜 그토록 중국 IT기업을 경계할까? 바로 디지털 자산 전쟁이 시작된 것이다. 이제는 인터넷망만 있다면 그 나라 경제를 좌지우지할 수 있는 시대다. 굳이 현지에 인프라 설비와 인력 투입이 없어도 인터넷망 하나로 넷플릭스는 한국에서 OTT 시장 최강자가 되었다. 일본에서 네이버와 카카오는 온라인을 통해 웹툰을 점령하고 있다.

이와 같은 상황은 우리가 앞으로 계속해서 보게 될 세상의 한 단면일 뿐이다. 한국인들은 은행 인프라 접근성이 높아 해외 온라인 사업에서 유독 착각하는 부분들이 존재한다. 뱅킹이나 카드 사용이 우리나라처럼 자유로운 나라는 드물다. IT기업이 강성한 인구 대국인 중국도 카드를 쓰지 않는다. 조금 다른 이유에서지만 일본도 카드를 잘 쓰지 않는다. 동남아시아 시장도 역시 마찬가지다. 한국 이외의 다른 나라들은 우리와는 다른 환경의 결제 시장을 가지고 있다.

유럽도 마찬가지다. 유럽에 가본 분들이라면 떠올려보기 바란다.

백화점, 호텔 등 관광과 관련된 장소 이외에서 카드 결제가 얼마나 용이했는가? 큰 상점이 아닌 다음에야 국내에서 생각하는 것만큼 원활하지는 않았을 것이다.

여행을 많이 다녀본 사람들이라면 이 점을 잘 알고 있을 것이다. 디지털 환경에서 가장 중요한 것은 결제 시스템이다. 그런데 지금 과는 완전히 다른 양상으로 진행되어야 한다. 글로벌하게 가장 보편적인 수단인 스마트폰으로 결제 시스템을 해결하는 방법이 앞으로 글로벌 IT기업의 성패를 가를 것이다. 스마트폰을 매개로 하는 결제이면서 은행망을 통하지 않아도 되는 결제가 그 해결책이다.

전 세계 인구에서 통장 보급률은 50%가 안 된다는 사실을 아는 가? 한국인들은 이 점을 잘 생각하지 못한다. 국내에서는 편리하게 사용하는 결제 시스템이 해외 시장에서는 생각보다 호환성이 좋지 못하다. 통장도 없는데 과연 카드를 사용하는 인구 비율은 얼마나 될까?

코로나 이후 4차 산업혁명이 급속도로 앞당겨졌다는 것을 체감할 것이다. 국제 결제망 없이도 진행이 가능한 결제 도구, 결제 플랫폼으로 지금 당장 사용할 수 있고 전 세계적으로 시장이 열려 있는 비트코인과 알트코인들은 2021년 새롭게 부상하는 한 해를 맞이하게 될 것이다.

6

2021년
비트코인 전망

비트코인은 글로벌 거래소 여러 곳의 가격 정보를 취합해 평균 가격을 산출해서 지수를 만든다. 어느 거래소에서는 평균보다 높은 가격에 거래될 수도 있고, 어느 거래소에서는 평균보다 낮은 가격에 거래될 수도 있다.

　달러의 영향력을 감안하지 않고 봐도, 비트코인 가격은 대략 4년마다 가격 변동이 일어나도록 설계돼 있다. 비트코인은 채굴이라는 과정을 거쳐 생성되는데, 채굴자에게 제공되는 블록에 대한 보상이 21만 번째 블록마다 주기적으로 반감한다. 공급량이 너무 많아지면 비트코인의 가치가 떨어질 수 있기 때문에 희소성을 부여한 것이다. 이런 반감기를 거치면 새로운 비트코인이 생성되는 비율이 줄어든다. 신용화폐에 대한 불신으로부터 탄생한 것이 비트코인이다 보니 이런 차이점을 보이는데, 무한정으로 공급할 수 있는 달러와 달리 최대 공급량이 2,100만 개로 정해져 있으며 예측 가능한 감소 비율에 따라 코인이 일정한 속도로 발행된다.

비트코인은 지금까지 세 번의 반감기가 있었다. 2012년 11월 28일과 2016년 7월 9일과 2020년 5월 12일이다. 첫 번째 반감기에 비트코인 가격은 12.31달러였다. 두 번째 반감기에는 650.63달러였으며, 세 번째 반감기에는 8,617달러였다(코인마켓캡 5월 12일 오전 8시 기준).

지난 비트코인 사이클을 보면, 반감기 다음 해에는 가격 폭등이 있었으며, 그 다음 해에는 폭락했다. 2016년 반감기를 보면 다음 해에 가격 폭등이 있었고, 그 다음해인 2018년에는 가격 폭락이 있었다. 사실은 예측돼 있었던 셈이다. 여기에 다음 반감기인 2020년을 대입해서 예측해 보면 2021년에는 가격 폭등이 예상되고, 2022년은 하락세를 대비해야 할 해다.

비트코인 시장의 제2막이 열린다

◇◇◇◇◇

2020년 11월, 비트코인 2만 달러 상황에서 2021년을 예측하려면 2017년을 보면 된다. 2017년에 비트코인은 27배, 이더리움은 20배가 오른다. 2021년에 만약 비트코인이 27배 오른다고 가정하면 2만 달러의 27배인 54만 달러(약 6억 원)가 되는 것이다. 그러나 이 금액은 좀 힘들 수 있다. 시가총액이 작을 때 10배, 100배 상승은 쉽지만 4,225억 달러가 넘는 지금의 시가총액('암호화폐는 쓰레기'라던 마스터카드를 넘어섰다)으로 예전 볼륨을 기대하기는 힘들다.

그림 18 나스닥 지수(1985~2020년)

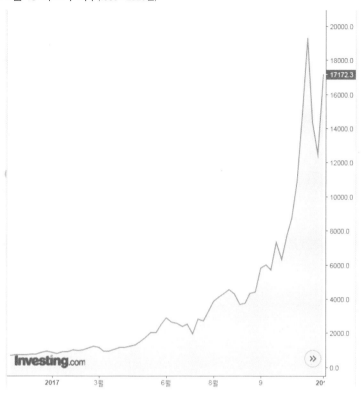

그러나 4배만 간다고 해도 1억 원 직전에 육박하는 사이클에 들어와 있다.

경제 외적인 요소에서 봐도 전망은 좋다. 2021년은 대상승 구간에 들어가는 원년이기도 하면서, 개인들이 투자하던 1막을 넘어 기관들이 투자를 주도하기 시작하는 2막이 열리는 시기다. 은행, 금융권, 정부 기관들이 위기감을 가지고 금융 시장 개편을 이야기하고, 디지털화폐CBDC와 블록체인 암호화폐를 진지하게 대면하고 있다. 소득을 얻으면 세금도 낸다고 하니 금융 시장 틀을 갖추는 시작점에 와 있는 것이다.

2020년 현재 비트코인 시가총액은 금 시장 규모(시가총액 9조 달러)의 4.7% 정도에 불과하다. 시장 규모를 키우는 데는 아직도 멀었다. 비트코인은 지금의 10배만 돼도 20억 달러, 2억 원을 넘어간다. 여기서 기관의 개입으로 버블이 낀다면 우여곡절을 거치겠지만 결국엔 암호화폐 시장도 성장할 것이다. 2000년 닷컴버블 붕괴로 많은 기업이 파산이나 도산에 들어갔지만 그 결과 지금의 아마존과 구글이 생겼다. 버블이 생기면 전망이 좋다는 언론보도도 많이 나올 테지만, 때론 실적 악화로 망한 라임 사태나, 투자자를 속이고 부실기업에 투자한 옵티머스 사태처럼 부실도 날 것이다. 그러면서도 지금의 IT기업이 성장하듯이 비트코인 외에 나머지 알트코인도 성장할 것이다.

2021년도 양적완화나 저금리 기조가 계속되고 부동산 가격이 계속 오르면 여기서 자금을 축적한 사람들이 여유 자금으로 주식투자를 하듯이 비트코인에 투자할 것이다. 게다가 암호화폐 시장은 전 세계에서 24시간 시장이 열린다는 것도 시장이 커질 수 있는 요소가 된다. 또 젊은 층의 실직, 미래 불확실성 등은 비트코인의 수요를 더욱 끌어올리는 요인이 될 것이다.

그러나 반감기 이후의 폭등이 있고 나면 다시 또 위기의 사이클이 시작되므로 그 부분은 반드시 알아야 한다. 코로나19의 종결 시점과 미국의 금리 인상, 실업률 감소를 체크해 봐야 한다. 그동안은 주식 자산, 부동산 시장을 띄웠지만 그 다음부터는 실물경제Main Street가 다시 부각될 것이다. 기업이 인프라 투자를 한다든가 자영업자들의 소득이 늘어난다든가 전통 산업으로 자본이 분배되는 시기가 되면, 그때는 자산 시장에서 자본 이탈이 일어날 확률이 높다.

상승장의 달콤함 속에서 빠져나와야 할 때

◇◇◇◇◇

바이든이 대통령에 취임하고 재닛 옐런이 재무장관이 되면서 크게 돈을 쓰는 경기 부양책을 펼칠 것으로 전망된다. 이렇게 되면 주식, 부동산, 비트코인 시장에는 상승 여력이 더 있을 것이다. 대신 금 투자는 전망이 안 좋다. 그러나 가격이 내려갈 때 사서 오를 때 파는 것이 투자의 기본이라는 점을 생각해 보면, 더 떨어지는 적당한 시기를 골라 금 매수 시점으로 잡으면 좋을 것이다.

그러나 2021년 하반기 이후 주의할 점이 있다. 재닛 옐런이 연방준비제도 의장이었을 적에도 일어났던 사건이 있다. 2014년 2월 연준 의장이 되고 다음 해 2015년 7월에 상하이 증시가 붕괴해 그 여파로 뉴욕 증시까지 영향을 주었다.

미국 연준이 오랫동안 사용해 온 기준금리 도출 준칙은 인플레

그림 19 상하이 종합지수

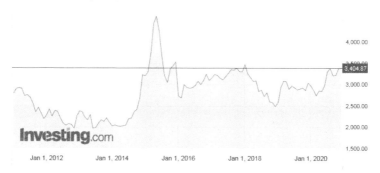

이션율과 실업률이다. 대규모 경기 부양 후 미국 경기가 돌아서면서 완전고용(실업률 6.5% 아래)에 이르면 정책 방향이 바뀌는 시점이 온다. 2015년에도 미국의 실업률이 5% 이하로 내려갔고 물가상승 위험이 있으니 금리를 올리겠다고 한 것이다. 공식적인 기자회견 자리에서 한 언급도 아니었고, 통화정책의 단서를 찾을 수 있는 성명서를 보고 증시가 영향받은 것이다.

이러한 미국의 정책들은 기본적으로 외국 상황을 고려하지 않는 조치다. 그러다 보니 외국 자본이 미국으로 유턴해 유럽에서는 그리스가 디폴트를 선언하고 중국은 상하이 증시 폭락을 맞이한다. 이런 상황에서 실제로 금리를 올리면 유럽은 돈이 필요한 상황인데 곳간에서 돈을 빼간 셈이 된다. 돈은 미국으로 흘러 들어가고 유럽과 중국은 더욱 힘들어진다.

2021년 하반기 이후에 이런 상황이 재현된다면 주식, 비트코인, 우리나라 부동산 시장은 모두 폭락을 맞이할 수 있다. 미국 시장에 우호적인 조치가 한국 시장에도 좋은 것은 아니다.

4장

글로벌 IT기업과 암호화폐 코인

1

미국의 나스닥 주도주는
적정 주가일까

예전에 다음과 같은 말을 하는 미래학자들이 있었다. "이제는 국가의 가치보다 기업의 가치가 커질 것이다." 이 말이 트럼프 시대에 발현이 되었다. S&P다우존스 인디시즈에 따르면 2020년 7월 31일 기준 미국 상위 10대 기업의 시가총액은 8조 달러 수준이다. 트럼프 행정부가 2020년 회계연도 예산안으로 의회에 제출했던 금액이 4조 7천억 달러였던 것과 비교하면, 정부의 살림보다 기업의 가치가 확실히 늘었다.

미국 증권 시장의 성장을 선도하는 것은 거대 IT기업인 기술주들이다. 2018년까지는 FAANG이라고 해서 페이스북, 아마존, 애플, 넷플릭스, 구글을 투자자들이 선호했는데, 2020년에는 MAGA라고 해서 마이크로소프트, 아마존, 구글, 애플에 돈이 몰렸다. 주가는 미래 가치를 선반영한다는 말이 있다. 페이스북이나 넷플릭스는 수익원이 단순해서 실적에 장애가 된다는 분석이 있다 보니 평가가 떨어진 것으로 해석할 수 있다.

주가는 실적보다 선반영되므로 예상치대로 영업이익을 내지 못하면 기업은 위험해진다. 실적을 올리기 위해 거대 IT기업들은 파이를 키워야 하고, 성장하는 글로벌 시장에 진출할 수 있어야 한다. 미국의 IT기업들이 최근 들어 한국 시장에 들어오고 있는데, 그 목적은 5천만 명 한국 시장을 노린다기보다는 13억 9천만 명의 중국 시장을 목표로 한국에 거점을 정한 것이라고 봐야 한다.

알리바바 VS. 이베이
◇◇◇◇◇

미국 IT기업들의 중국 시장 진출은 오래전부터 시도되었다. 2003년 전자상거래 플랫폼 이베이가 중국에 진출했다. 모두가 중국 시장을 삼킬 것이라고 예상했고, 처음엔 그렇게 돌아가는 것처럼 보였다. 많은 업체들이 이베이에 물건을 내놓고 거래하기 시작했고, 입점 수수료는 늘어나기 시작했다.

알리바바는 지금 중국 전자상거래 시장에서 80%를 차지하는 업체이지만, 당시엔 작은 전자상거래 업체에 불과했다. 알리바바그룹은 1999년 영어 강사 출신 마윈이 중국 제조업체와 국외 구매자를 위한 B2B 사이트로 알리바바닷컴을 개설한 것이 출발점이다. 2000년 손정의의 투자를 유치하면서 본격적으로 성장했으며, 이베이가 중국에 진출한 해에 일반인들을 대상으로 한 온라인 쇼핑몰 타오바오를 만들었다.

거대 업체에 대항해 마윈이 선택한 방법은 입점 수수료를 무료로 해주는 것이었다. 무료 정책은 무려 4년간 계속되는데, 이에 대응해 이베이는 물량 공세로 몰아붙였다. 알리바바가 타오바오에 1억 달러를 투자하겠다고 하면 이베이를 1억 달러를 투자해 회원들에게 이익을 돌려주겠다는 식이었다. 이베이와 장시간의 치킨게임이 가능했던 것은 결국 중국 정부의 지원 덕분이라고 봐야 한다. 가장 결정적이었던 것은 춘제(음력 설연휴) 귀향 열차표를 타오바오 내에서만 구매할 수 있도록 해준 조치였다.

다윗과 골리앗의 싸움 같았던 이 경쟁은 이베이는 미국 자본가, 알리바바와 타오바오는 중국 농민들의 회사라는 이미지가 어필되면서 끝나고 말았다. 2007년 이베이는 중국 철수를 발표한다. 이후 알리바바그룹에는 2008년 부유층을 타깃으로 한 온라인 백화점 티몰 등이 추가되었다. 알리바바와 타오바오, 티몰은 중국 전자상거래의 80%를 점유하는 거대 오픈마켓이 되었다. 알리바바에는 매일 1억 명이 물건을 구매하기 위해 방문한다. 중국 내 소포의 70%는 알리바바와 관련된 업체를 통해 거래된다.

그런데 마윈은 어쩌다가 손정의의 투자금을 받게 된 것일까. 그전에 관공서에 가서 투자금을 받으려고 하다가 거절당한 적이 있기 때문이다. 전자상거래에 관심 없던 관련 당국이 이베이, 아마존 등이 중국 시장에 진출하는 걸 보고 알리바바를 키우게 됐다는 해석이 가능하다. 2004년 중국 시장에 진출했던 아마존 역시 알리바바의 티몰, 징둥닷컴 등에 밀려 2019년 철수를 공식 발표했다. 대신 3위 온라인 쇼핑몰인 핀뚜어뚜어에 팝업 스토어를 남겼다.

그보다 주목할 만한 것은 2004년 알리바바가 페이팔과 유사한 에스크로 서비스인 온라인 결제 시스템 알리페이를 만들었다는 점이다. 전자상거래에서 알리페이는 제3자 지불보증 시스템이다. 중국인들은 온라인 결제가 안전한지 의심이 많았는데, 이 결제 시스템은 알리페이가 먼저 물건값을 받아놨다가 구매자가 물건을 배송받은 후 판매가에게 대금을 결제하는 방식이다. 구매자가 물건에 만족하지 않으면 알리페이로부터 환불받을 수 있다. 2014년 알리바바는 미국 증권 시장에 상장해 글로벌 IT 기업으로 도약했다.

중국 정부가 자국 내의 자국 기업을 밀어주는 정책은 알게 모르게 계속되고 있다. 중국에 진출한 우리나라 기업의 경우 2017년 사드THAAD 배치에 대한 보복 조치로 롯데마트는 소방법 위반을 구실로 영업정지 명령을 받았고, 중국에 합작회사를 만들고 공장까지 지었던 현대자동차는 중국 금융사들이 1, 2차 협력사의 돈줄을 막는 바람에 부품 공급에 차질을 빚고 공장이 멈춰서기도 했다.

2020년 미국에서는 '외국기업책임법'이라는 법안이 상원과 하원을 통과했는데, 외국 기업이 미국의 회계감사 기준을 따르지 않으면 증권 시장에서 퇴출한다는 것을 내용으로 하고 있다. 이것은 알리바바, 텐센트 등 중국 기업을 염두에 두고 통과시킨 법안이라고 볼 수 있는데, 이러한 움직임은 단지 트럼프가 특이한 사람이라서 보인 행보만은 아니라고 보는 것이 맞다.

기축통화는 그것을 쓰는 사람, 그것을 쓰는 나라가 많아질수록 강해진다. 달러를 너무 많이 풀었다며 "달러가 타락했다" "달러는 망할 것이다"라는 식으로 말하는 사람들이 있는데, 미국의 글로벌 IT기업이 강성하면 그 양상은 달라질 수 있다. 만약 아마존, 넷플릭스, 페이스북 등이 다른 나라에서 서비스할 때 달러가 쓰일 수 있는 방법만 찾아낸다면, 달러가 아닌 자국 화폐를 쓰는 사람도 달러 경제권 안에서 자신도 모르게 달러를 쓰게 할 수 있다. 비트코인처럼 글로벌하게 통하는 결제 수단을 찾지 못한다면 미국의 IT기업들은 적정 주가를 유지할 수 없을 것이다.

미국 IT기업은 중국 IT기업을 이길 수 있을까

◇◇◇◇◇

이미 중국에서는 알리페이나 위챗페이가 보편적으로 쓰인다. 선진국들이 대부분 현금, 신용카드, 모바일 순으로 결제 단계가 넘어간 반면 중국은 신용카드 결제 단계가 없이 바로 모바일 단계로 넘어갔다. 외국인이라면 모바일 페이 수단이 없을 경우 중국에서 생활하기 불편하다. 비자카드나 마스터카드 같은 신용카드를 받지 않는 대형 쇼핑몰도 많다. 현금을 아예 안 받는 곳도 있다. 위조지폐가 많이 유통돼서 현금을 받아도 위조지폐 감별기계로 일일이 확인하던 중국에 그야말로 적합한 결제 시스템이다.

만약 한국인이 중국에서 알리페이나 위챗페이를 쓰려면 결제금액이 빠져나갈 은행 계좌가 있어야 한다. 중국 본토에 있는 중국은행이나 한국계 은행의 중국 법인에서 계좌를 만들고 알리페이나 위챗페이에 연동하면 된다.

알리페이는 처음엔 알리바바 계열의 쇼핑몰에서 편하게 쓸 수 있도록 만들어진 간편 결제 서비스였지만, 타오바오, 티몰 등을 통해 급속하게 사용이 확대된 뒤 대부분의 온라인, 모바일 플랫폼에서 사용할 수 있게 되었다. 또 차량공유 서비스, 음식배달 서비스와 결합하면서 O2O(온라인과 오프라인의 연결) 시장의 발전까지 주도하고 있다. QR코드 결제방식이라 가맹점이 POS 단말기를 따로 구비하지 않아도 된다. 후발주자인 위챗페이는 모바일 메신저를 기반으로 급속히 시장점유율을 증가시켰고, 2019년 기준 알리페이 54%, 위챗페이 39%로 제3자 모바일 결제 시장을 양분하고 있다. 소액결제의 경우 위챗페이, 대출이나 투자 등 금융상품 판매에서는 알리페이가 우세하다.

'거지도 QR코드로 구걸한다'라는 말이 있을 정도로 중국은 세계 최대의 모바일 결제 시장이다. 골드만삭스에 따르면 2021년 예상되는 중국의 소비자금융 규모는 19조 위안(약 3,200조 원)이다. 그런 중국이 2020년 1월 미국과의 1단계 무역합의로 금융 시장을 개방했다. 카드사, 보험사 등 금융기관들이 좀 더 높은 지분율로 중국 시장에 진출할 수 있게 되었지만, 중국 시장의 특성상 영업점 위주의 오프라인 사업으로는 성장하지 못할 것이다.

중국은 은행 계좌 보급률이 높지 않다고 하는데, 그렇다고 해서 중국인들이 은행 계좌가 없거나 신용카드가 없는 걸 불편해하는 것 같지는 않다. 그렇다면 은행 계좌가 없는 중국인들은 어떻게 모바일 결제를 하는 걸까? 중국의 스마트폰 보급률은 2018년 기준 69%다. 젊은 세대라면 은행 계좌가 없어도 스마트폰은 대부분 갖고 있다. 정보 분석기업 닐슨의 조사에 따르면 중국 주링허우 세대(1990년대생) 3천 명을 대상으로 한 설문조사에서 신용카드를 가지고 있는 사람이 45.5%인 반면 온라인 소비 대출을 이용하는 사람은 61%였다.

알리바바그룹의 금융업체인 앤트파이낸셜은 2015년 소액대출 서비스 '화베이'를 출시했는데, 알리페이 이용자들이 물건을 구매할 때 자금 조달을 돕기 위한 것이었다. 신규 대출자에게 아주 적은 금액의 소액대출을 해주고 이것을 제때 갚으면 신용한도를 높이는 식으로 이뤄져 있다. 적게는 500위안(약 8만 4천 원)에서 신용한도에 따라 5만 위안(약 840만 원)까지 빌릴 수 있다고 한다. 2019년 기준 이용자가 4억 명을 넘어설 정도로 보편적으로 이용하고 있다. 중국의 20, 30대 젊은 세대들이 은행 계좌가 없어도 불편을 못 느끼는 이유이기도 하다.

이런 것들을 살펴보면 미국의 IT기업이 막강한 플랫폼을 가지고 중국 시장에서 수익을 내는 게 쉬운 일일지, 중국의 IT기업이 은행 계좌 보유율이 낮은 동남아시아 시장에서 성장하는 게 쉬운 일일지 가늠하기가 힘들다.

성장을 지원할 지불 시스템이 필요하다

◇◇◇◇◇

코로나 유행 이후에 언택트Untact 시대가 되었다. 대면하지 않아도 물건을 살 수 있다는 경험이 보편화되면서 이제 미래 사회가 앞당겨져 버렸다. 비대면 결제도 늘어서 한국은행이 집계한 코로나 확산 이후 국내 지급결제 동향을 보면 모바일, PC 등을 통한 비대면 결제 금액은 하루 8,330억원으로 17% 늘었다. 반면 실물 카드 결제 규모는 6%가량 줄었다.

이런 현상은 해외에서도 마찬가지다. 영국은 현금 사용이 절반 수준으로 감소했다고 발표했으며, 독일은 비대면 결제 비중이

50%를 상회하여 이전보다 확대된 것으로 조사됐다. 중국 청도시는 소비 증진을 위해 정부가 지급하는 바우처를 위챗페이를 통해 제공한다고 했다.

중화권 소비자들이 많이 이용하는 타오바오에서는 주로 중국 내 은행 계좌와 해외 발행 신용카드(비자카드, 마스터카드, JCB카드)를 사용할 수 있다. 또 아마존은 신용카드, 아마존전용카드, 기프트카드를 통한 결제방식을 제공하고 있다. 아마존에서 해외직구로 물건을 살 때 사람들은 불필요한 환전수수료를 내지 않기 위해서 달러로 결제하곤 한다.

이런 국제 결제 부분을 살펴보지 않으면 비트코인 암호화폐를 이해할 수 없다. 국제통화기금IMF에 따르면 세계 외환 보유액에서 위안화 비중은 2020년 3월 기준 2%로 달러, 유로, 엔, 파운드에 이어 5위다. 그러나 러시아의 외환보유액에서 위안화가 차지하는 비중이 2019년 말 전년도 2%에서 14%로 급등했으며, 중국의 최대 교역 상대인 아세안 10개국과의 무역에서는 위안화가 가장 많이 사용되고 있다. 양적완화로 달러 약세가 계속되고 있는 것도 위안화 선호 현상을 가속화할 것이다.

중국 증권감독위원회 부주석은 "위안화 국제화는 향후 외부 금융 압력에 대처하기 위한 것이며, 미리 계획을 마련해야 한다"라고 발언한 바 있다. 오프라인에서의 승산 없는 싸움에서 이미 발을 뺀 중국이 디지털화폐를 발행했다는 점을 눈여겨봐야 하는 이유가 여기에 있다. 동남아시아, 아프리카 등에 중국의 저가폰이 많이 팔려나갔다는 것도 주목할 포인트다. 한국 스마트폰에 카카오톡이 깔려 있는 것처럼, 중국 스마트폰에는 알리바바나 위챗이 기본적으로 탑재돼 있다. 이미 생태계는 구축되어 있고, 여기서 위안화와 연동된 디지털화폐를 쓸 수 있게 한다면, 중화권만 쓰던 위안화는 확장성을 갖게 된다. 나중에는 자기도 모르게 달러 대신 위안화를 쓰는 사람이 늘어날 것이다.

미국이 중국 IT기업이 더 이상 성장하지 못하도록 제재하는 이유도 거기에 있다. 미국 IT기업들도 상황이 쉽진 않다. 중국 본토에 들어갔다가 언제 또 중국 당국의 제재와 노골적인 자국 기업 손들어주기로 인해 쫓겨날지 모른다. 미국의 거대 IT기업들이 한반도로 몰려오는 이유가 바로 그것이다. 중국을 공략할 가장 가깝고도 가장 인프라가 좋은 한반도로 들어와 중국 시장에서 적극적인 영업활동을 할 수 있는 거점으로 삼으려는 것이다.

2

비트코인처럼
국경을 넘는 결제

동남아시아는 은행 이용률이 낮고 통장 계좌를 가지고 있는 사람의 비율이 낮다. 당연히 신용카드를 갖고 있는 사람도 많지 않다. 15세 이상 세계 평균 은행 계좌 보유율은 60.7%인데, 아세안 국가의 은행 계좌 보유율은 27%에 불과하다. 최근 떠오르는 이머징 국가인 인도네시아는 아세안ASEAN 국가 중에서 가장 많은 인구를 보유하고 있지만 은행 계좌 인구는 37%다. 나머지는 계좌가 없거나 금융상품 접근 자체에 제약이 있다.

반면 스마트폰 보급률은 꾸준히 늘고 있다. 정보통신산업진흥원의 자료에 따르면 동남아시아 주요국의 스마트폰 보급률은 2021년에는 대부분의 국가가 80% 이상이 될 것으로 보인다. 동남아시아에서는 모바일 단말기로 쇼핑하는 비율이 높고 동영상을 시청할때도 TV보다는 모바일을 사용하는 비율이 서구권보다 높다. SNS

나 메시징 앱을 사용하는 시간도 한국이나 일본보다 많다.

아세안은 인구 6억 5천만 명, GNP 2조 9천억 달러 규모의 거대 시장이다. 한국 입장에서 봐도 아세안은 중국에 이은 제2 교역 대상이다. 확실한 성장 가능성 때문에 전 세계의 기업들은 동남아시아로 몰려들고 있다. 중국 시장에 진출하기 전에 테스트 마켓으로 동남아시아 시장을 선호하는 기업들도 많다.

모바일 간편결제로의 대이동
◇◇◇◇◇

동남아시아의 모바일 결제 시장은 빠르게 성장하고 있다. 2025년에 간편결제 시장이 1조 달러까지 커질 수 있다는 예측도 있다. 은행 금융 인프라가 잘 구축된 상태가 아니기 때문에 오히려 바코드와 QR코드를 사용하는 모바일 간편결제가 필수 시스템이 되었다. 가맹점 입장에서도 수수료가 적거나 단말기가 필요 없는 서비스라면 접근이 쉬울 것이다. 현재로서 가장 선도적인 기업은 알리바바와 텐센트다. 중국인 관광객이 늘어나면서 이들이 찾는 유통 매장을 중심으로 알리페이와 위챗페이는 필수 결제 시스템이 된 것이다.

공유경제를 통해서도 간편결제는 확산되고 있다. 예를 들어, 차량 공유업체인 '그랩'은 그랩페이를 통해 택시에서 내릴 때 자동으로 요금이 결제되고 식당이나 상점에서는 QR코드로 간편하게 계산할 수 있다. 싱가포르, 말레이시아, 인도네시아, 베트남 등 대부분의 동남아시아에서 결제가 가능하고 그랩페이로 충전한 돈을 환전수수료 없이 결제할 수 있는 곳도 있다.

우리나라의 하나은행은 2019년 4월 해외에서 하나머니로 결제할 수 있는 GLN 서비스를 출시했다. 국경 제한 없이 모바일로 자유롭게 송금, 결제가 가능한 해외결제 서비스 플랫폼이다. 대만, 태국에 이어 동남아시아를 중심으로 영역을 확장할 예정이라고 한다. 또 일본에서는 야후와 라인(네이버)이 손잡으면서 어떤 행보를 보일지 귀추가 주목되고 있다.

국내 시장의 경우엔 모바일 간편결제 가입자가 약 1억 7천만 명(중복 포함)이 되었다. 간편결제로 이용한 금액은 한 해 약 80조 원에 달한다. 온라인에서는 옥션, 지마켓의 스마일페이, 네이버의 네이버페이가 많이 쓰이고, 오프라인을 함께 보면 삼성페이와 카카오페이가 있다. 한국금융투자자보호재단이 25~64세 성인 남녀 2,530명을 조사한 결과 간편결제 서비스를 이용한다고 대답한 사람은 56.8%였다. 코로나 팬데믹 이후 간편결제는 더 확장될 전망이어서 기존 금융사들이 지금의 경영 방식으로는 존립이 어려워질 수 있다는 이야기도 나오고 있다.

모바일 지불 결제 서비스로 전자지갑도 있다. 현금, 신용카드, 쿠폰, 멤버십카드 등을 모두 스마트폰에 담아서 결제할 때 사용할 수 있는 시스템이다. 할인 혜택이나 포인트 적립 등을 모두 알아서 처리하기 때문에 편리하게 사용할 수 있다. 현금 없는 사회는 물론 지갑 없는 사회까지 가능하게 하는 시스템이다. KT의 모카, SK플래닛의 시럽, 삼성전자의 삼성월렛 등의 전자지갑이 있다. 기업 입장에서는 멤버십, 쿠폰 등을 어느 장소에서 얼마나 쓰는지 파악할 수 있어서 빅데이터로 활용할 수 있다.

또 암호화폐를 보관하고 전송할 수 있는 전자지갑으로는 삼성전자의 블록체인 월렛과 카카오톡(그라운드X)의 클립이 있다.

페이팔, 비트코인 결제를 지원하다

◇◇◇◇◇

전자결제 업체인 페이팔은 국경을 넘어 온라인 송금과 결제를 지원한다. 처음 설립됐던 1998년에는 사용자들이 개인수표나 우편환으로 대금을 결제했는데, 페이팔을 이용하면 거래 상대방의 이메일 주소로 빠르게 돈을 보낼 수 있었다. 또 제3자 지불 보증 방식이라 만일의 경우 환불도 가능해서 사람들이 점차 페이팔을 선호하게 되었다.

2009년 1분기에 페이팔은 해외 시장 수익이 42%에 이르고, 2010년까지 전 세계 25개의 서로 다른 통화권에서 1억이 넘는 사용자 계정을 기록한다. 2011년에는 오프라인 상점에서도 페이팔을 이용할 수 있게 되었다. 현재 페이팔은 3억 5천만 명이 이용하는 세계 최대 온라인 결제기업이 되었다.

페이팔 계정이 있으면 직불카드, 신용카드, 은행 계좌, 페이팔 계정의 잔고, 그리고 기타 지불 방법을 이용해 돈을 주고받을 수 있다. 그래서 미국에 있는 외국인 노동자 중에는 고국에 있는 가족에게 송금해야 하는데 은행 계좌가 없을 때 페이팔을 이용하는 경우가 많다. 신용카드 번호나 은행계좌 번호 없이 페이팔 계정의 이메일 주소나 전화번호만으로 송금이 가능하기 때문이다.

간편결제의 원조인 페이팔은 2021년부터 비트코인, 이더리움,

라이트코인 등 암호화폐로 결제하는 시스템을 지원한다고 발표했다. 지원하는 여러 지불 방법 중에 암호화폐 코인까지 추가한 것인데, 페이팔이 암호화폐와 법정화폐를 환전해 거래를 중개한다. 2,600만 개에 달하는 가맹점에서 이용자가 보관 중인 암호화폐로 결제하면 법정화폐로 환전되어 결제가 이뤄지고, 가맹점은 환전된 법정화폐로 정산받을 수 있다. 또 미국 이용자들은 암호화폐를 사고팔고 보유도 할 수 있다.

페이팔을 비롯해 비트코인 관련 서비스를 준비하는 기업은 거래 지원을 위해서 우선 비트코인을 매수해야 한다. 이것은 전 세계 핀테크 기업들과 공룡 기업들이 더욱더 빠른 속도로 비트코인 시장에 진입할 수 있는 계기가 된다.

송금을 기반으로 하는 기업인 페이팔과 또 다른 금융기업들이 비트코인 시장에 들어온다는 것은 그만큼 다수의 사용자를 동반하게 된다는 의미다. 이 분야로의 투자금 확대가 늘어날 수밖에 없는 결과로 이어질 것이다.

댄 슐먼 페이팔 CEO는 화폐가 디지털 형태로 바뀌는 건 필연적이라며 중앙은행이 발행하는 디지털화폐와 리브라 같은 기업이 발행하는 디지털화폐에 대비하는 차원이라고 말하기도 했다. 이 뉴스가 나오자 2020년 10월 비트코인 가격은 연중 최고점을 찍기도 했다.

글로벌 결제 환경의 비트코인

◇◇◇◇◇

1989년에 전 세계에서 시가총액이 높았던 기업들을 보면 물건을 만들어서 파는 기업이다. 아니면 엔화 강세 덕분에 순위에 오른 일본의 금융기업들이다. 그런데 지금의 글로벌 기업을 보면 물건을 만들어서 파는 기업들이 아니다. 예를 들어 넷플릭스는 물리적인 상품을 만드는 기업이 아니다. 그저 콘텐츠를 플랫폼에 올려놓을 뿐이다.

블록체인과 비트코인이 세상에 등장한 것은 시대가 바뀌었기 때문이다. 실물의 물건을 만들어 파는 것이 중요했던 시대에는 비트코인 같은 것이 필요 없다. 좋은 물건을 값싸게 찍어내고, 대량생산 체제에 따른 불량률 관리가 있으면 된다. 그러나 지금은 IT기업이 성장하는 시대다. 디지털 세상에 맞춘 결제, 송금, 자산으로 설계된 비트코인 등과 암호화폐 코인은 지금 세상에 꼭 필요하다. 하루가 다르게 바뀌어가는 세상을 보지 못하면 비트코인을 이해할 수 없다.

구경제에서는 일반인들이 글로벌 결제를 할 일이 많지 않다. 무역을 하는 기업들이나 신경 쓸 일이었다. 알아서 정산 날짜에 달러를 보내는 건 은행들이 할 역할이었다. 그런데 지금의 인터넷 환경에서는 일반인들도 국제 결제를 해야 하는 일이 잦다. 사람들은 쿠팡에 없는 물건을 찾기 위해 알리바바를 뒤지고 물건을 산다. 10대, 20대들은 네이버 웹툰을 보고, 틱톡의 15초 동영상을 시청하고, 유튜브에서 BTS의 MMA 시상식 퍼포먼스를 보며, 기업들은 여기에 광고를 싣는다. 수익을 올리기 위해 틱톡커나 유튜버들은 물건을 찍어내는 것이 아니라 실시간 서비스를 계획한다. 이런 플랫폼에서 이뤄지는 100원, 1000원짜리 결제가 쌓여서 1조 원, 10조 원을 이뤄낸다.

비트코인이 등장한 초기에 국가는 이것을 '화폐'로 봤기 때문에 큰 의미를 부여하지 않았다. 하지만 IT기업이 자꾸 성장하면서 비트코인과 암호화폐는 자산이나 결제 수단으로 보이기 시작했다. 전 세계에서 통용될 수 있는 이런 결제 수단이 없다면 자국 기업은 수익을 낼 수 없게 된다. 1990년대 시가총액 20위권이었던 기업들은 비트코인이 필요하지 않지만, 2020년 시가총액 20위권인 기업들은 비트코인이 필요하다.

표 1 1989년 세계 기업 시가총액 순위

1위	NTT	일본
2위	일본흥업은행	일본
3위	스미토모은행	일본
4위	후지은행	일본
5위	다이이치칸교은행	일본
6위	IBM	미국
7위	미쓰비시은행	일본
8위	엑손	미국
9위	도쿄전력	일본
10위	로열더치쉘	영국
11위	도요타	일본
12위	GE	미국
13위	산와은행	일본
14위	노무라증권	일본
15위	신일본제철	일본
16위	AT&T	미국
17위	히타치제작소	일본
18위	마쓰시타전기산업(현재 파나소닉)	일본
19위	필립모리스	미국
20위	도시바	일본

출처: 《비즈니스 위크》

네이버나 카카오의 시가총액이 계속 올라가는 것은 기업 가치를 국내 시장에만 국한하지 않고 외국 시장을 보기 때문이다. 알파벳 (구글)의 2020년 3분기 매출은 52조 원 정도다. 삼성전자의 매출과 비교하면 별 차이 없다. 삼성전자의 2020년 3분기 매출은 66조 원이 넘는다. 그런데 삼성전자의 매출 정도밖에 안 되는 기업이 시가총액은 2천조 원이 넘는다. 바로 기축통화의 힘이다. 반면 삼성전자의 시가총액은 400조 원 정도밖에 안 된다. 이렇게 비교해서 보면 미국의 IT기업들은 주가가 너무 많이 올랐다. 버블이 되지 않으려면 실적을 더 올려야 한다.

　　신용화폐 제도에서는 돈을 찍어낸 만큼 그 빚을 짊어지는 사람

표 2 2020년 세계 기업 시가총액 순위

1위	애플	미국
2위	사우디 아람코	사우디아라비아
3위	마이크로소프트	미국
4위	아마존	미국
5위	구글	미국
6위	페이스북	미국
7위	텐센트	중국
8위	알리바바	중국
9위	테슬라	미국
10위	버크셔 해서웨이	미국
11위	21세기폭스	미국
12위	쓰리엠	미국
13위	세븐일레븐	일본
14위	아디다스	독일
15위	에어버스	프랑스
16위	아모레퍼시픽	한국
17위	BHP빌리턴	호주
19위	보잉	미국
20위	버버리	영국

출처: 미스터캡 12월 6일 기준

들이 필요하다. 그래야 경제가 성장한다. 그러려면 새로운 신흥국들의 시장 경제를 끌어올려야 하는데, 기존의 은행 인프라 설비를 하기에는 시간이 오래 걸린다.

전 세계 통장 없는 사람들의 숫자를 감안해야 하고 그 사람들이 우리의 경제권으로 들어오게 해야 한다. 인터넷 환경을 정비하고 스마트폰 보급률을 높이고 우리 플랫폼에서 우리 화폐를 쓰게 하려면 인터넷 환경의 결제 수요 또는 소비 수요를 늘려주는 역할을 해주는, 지금 환경에 맞는 화폐가 필요하다. 아프리카나 인도 같은 나라를 우리 경제권으로 들여오려면 종이화폐로는 너무나 오랜 시간이 걸린다. 화폐도 진화가 필요하다.

3

미중 무역전쟁에서
비트코인을 읽다

아주 옛날에는 금을 화폐로 사용했다. 이른바 금화 본위제였다. 리디아제국의 호박금 일렉트럼, 로마제국의 금화 솔리두스, 영국의 금화 소버린 등이 있다. 국가의 화폐 체계가 붕괴되더라도 금은 귀금속으로서의 가치를 유지하기 때문에 금은 세계 각지에서 통용될 수 있다.

금본위제의 근간은 '신용'에 있다. 부족한 금화를 지폐로 대체하기 위해서는 지폐의 신용도를 높여야 한다. 그래서 역사적으로 보면 기축통화 지위를 가진 나라들은 금을 다량 보유하고 있었다. 1817년 1파운드의 가치를 지닌 소버린 금화gold sovereign가 등장하면서 영국의 금본위제가 시작되고, 이후 100년간 영국의 파운드는 기축통화 자리를 지켰다. 19세기 초 런던 금융 시장은 전 세계 투자의 절반을 소화했으며, 영국의 파운드화는 세계 무역의 60%를 차지했다.

두 번의 세계대전을 지나면서 금을 가장 많이 보유한 나라는 미국이 되었다. 전쟁 물자를 보급하면서 미국은 파운드화가 아니라 금으로 결제받았기 때문이다. 미국 달러는 이후 기축통화가 되었다. 처음엔 금 1온스는 35달러로 교환할 수 있는 고정 환율이었다(브레튼 우즈 체제). 그러다 베트남전쟁으로 늘어난 국가 채무, 통화 팽창으로 1960년대 들어 달러의 가치는 심각하게 떨어지기 시작했다. 이후 1971년 닉슨 대통령은 앞으로는 달러를 들고 와도 금을 교환해 주지 않겠다고 선언한다. 일방적으로 미국 달러와 금 사이의 태환제를 폐지해 버린 것이다.

현재 미국 달러의 신용은 금 보유가 아니라 군사력과 무역 결제에 있다. 중동 산유국은 원유를 팔고 결제받을 때 미국 달러를 받는다. 그리고 지금까지 미국은 원유 생산국에서 소비국으로 원유가 잘 전달되도록 세계 경찰국 역할을 하고 있었다.

미중 무역전쟁과 중동의 원유

◇◇◇◇◇

도널드 트럼프가 2017년 미국 대통령에 취임한 후 미국에 중대한 변화 하나가 생겼다. 그것은 미국이 셰일오일을 시추하기 시작했다는 것이다. 셰일오일, 셰일가스의 존재는 이미 알려져 있었지만, 기술력과 채산성 문제로 200여 년 동안 생산이 이루어지지 않고 있었다.

셰일이란 지하 3,000m 암반 지역을 말하는데, 이 셰일층에서 셰일오일과 셰일가스를 시추할 수 있는 기술이 발전하면서 상황이 달라졌다. 미국의 셰일기업들은 비용 절감, 인수·합병 등으로 경쟁력을 갖추었고, 생산 규모도 커지고 있다.

2018년 미국은 러시아와 사우디아라비아를 제치고 세계 최대 산유국이 되었다. 2019년 현재 미국은 원유에 있어서 세계 최대 생산국이자 세계 최대 소비국이 되었다. 트럼프가 "미국이 계속해서 세계의 경찰일 수 없다. 우리는 호구suckers가 아니다"라고 했던 말에는 이러한 배경이 있다. 미국은 에너지 자립으로 외교적, 군사적으로 더욱 자유로운 나라가 된 것이다.

2020년 미국 대통령 선거를 앞두고 중국 입장에서 바이든이 유리한가 트럼프가 유리한가 말이 많았지만, 별 의미가 없는 논란이라는 것이 나의 생각이다. 누가 대통령이든 미국은 미국의 이익을 위한 상황을 만들 것이다.

2020년 11월, 이란 핵 개발을 이끌었던 과학자가 테러 공격으로 사망했다는 뉴스가 나왔다. 이란의 고위급 인사들은 이스라엘과의 연관성을 주장했다. 이란의 핵무기 보유를 막기 위해 이스라엘이 핵과학자들을 암살해 왔다는 것이다. 이로써 중동 지방은 당연히 불안 정세로 흘러갈 것이다.

바이든의 민주당이 트럼프의 공화당과 다른 특징은 인권 문제, 지정학적인 문제를 건드린다는 것이다. 중동 정세 불안으로 원유 수급에 문제가 생기고 원유 가격이 오르면, 세계 원유 소비 2위인 중국은 원유를 사는 데 큰돈을 써야 한다. 중국이 산업 가동을 위해 원자재 수입에 비용을 많이 쓰면, 중국으로 흘러 들어간 달러를 다시 미국으로 거둬들일 수 있고, 중국 기업들은 비용이 늘고 수익이 줄어들 것이다. 에너지 전쟁이 곧 무역전쟁이요, 화폐전쟁이 된다. 또 이 상태에서 인권 문제까지 건드리면 중국은 더 힘들어질 수 있다. 1997년 영국 통치령이었던 홍콩이 중국으로 반환된 후 중국 정부의 권위에 도전하는 모든 행위를 범죄로 만들 수 있는 홍콩 국가보안법이 2020년 7월 1일부로 시행됐다. 이에 반대하며 2014년부터 민주화 운동을 벌였던 조슈아 윙은 결국 2020년 12월 징역 13.5개월형을 선고받았다. 2020년 10월에는 민주화 활동가들이 주홍콩 미국 영사관에 무작정 들어가 망명을 신청하기도 했는데, 이때 미국의 태도를 잘 살펴봐야 한다. 이전까지 "반정부 인사들을 돕겠다"라고 선언했던 태도와 달리 미국 영사관은 그들의 망명 신청을 받아들이지 않았다.

이런 트럼프 행정부의 분위기와 달리 바이든은 중국을 다루기 위해 홍콩 인권 문제를 먼저 건드릴 가능성도 있다. 신장 위구르 자치주, 내몽골 자치주에서도 인권 문제가 대두될 수 있다. 중국 입장에서는 지정학적 문제나 인권 문제를 건드리는 것이 더 골치 아픈 일이 될 것이다. 경제 문제로 건드리면 사실 한쪽만 일방적으로 손해 보고 한쪽만 일방적으로 이득을 얻는 건 없다. 미중 무역전쟁은 양쪽 모두 리스크를 안고 가야 하는 일이다. 그러나 미국은 인권 문제를 건드려서 자국은 손해를 보지 않으면서 중국의 확장을 막을 수가 있다.

패권 전쟁 속에서 디지털 자산이 뜬다!

◇◇◇◇◇

미중 무역전쟁이 심화되면 가장 피해를 보는 국내 기업은 삼양과 농심이다. 원화 환율이 세질 때 수출에서 마진이 줄어든다. 거기다가 원자잿값이 오르면서 곡물가가 오르면 라면이나 식품을 생산하는 기업은 많은 비용을 들여 싸게 팔아야 해 영업이익이 떨어진다. 우리나라 주식 시장 호황 속에서 식품주가 부진을 면치 못하는 이유가 이것이다.

미중 무역전쟁으로 인한 압박감이 커지면서 중국의 디지털 자산 시장에 대한 관심도 커졌다. 실제로 중국은 디지털 위안화의 발행을 어느 나라보다 먼저 시도했다. 페이팔로 국제 송금을 하면 며칠이 걸리지만 디지털 위안화는 몇 초면 된다. 이전까지 없었던 새로운 디지털 환경에서 존재하는 새로운 시스템이기 때문에 달러 중심의 기존 국제금융 체계에서도 자유롭다. 중국은 원유 결제를 위안화로 하는 것 외에도 다각도로 위안화의 국제화를 시도하고 있다.

기존 금융 인프라를 블록체인으로 교체하는 시장이 열린다고 생각하면 디지털 자산 비트코인과 같은 암호화폐 코인으로도 자연스럽게 관심이 이어진다. 암호화폐는 새롭게 탄생한 디지털 자산 시장이며, 그 속에서 기축통화로 작용하는 비트코인과 메이저 코인들은 전 세계 시장에서 거래된다. 블록체인 기술은 발전시켜야 하지만 암호화폐는 불필요하다는 말은 이제 더 이상 논쟁거리도 안 된다. 세계 경제와 금융 시장에서 블록체인의 발전에 암호화폐 디지털 자산은 필수라는 시선이 지배적이다. 기존 통화 질서를 걱정할 때가 아니라 지금은 누구라도 주도권 싸움에서 밀려날 수 있다는 사실을 자각해야 할 때다.

삼성전자의 스마트폰 시장 진입은 패스트 팔로워Fast Follower 전략이었다. 애플이라는 마켓 리더를 벤치마킹하고 쫓아가는 후발주자들로서의 경영 전략이었다. 삼성전자는 새로운 것을 만들기보다 '잘' 만들어서 세계적인 기업이 되었다. 그러나 무조건 따라가기만 한다고 해서 성공한 사례가 되는 것은 아니다. 끊임없이 분석하고 마켓 리더보다 더 나은 프로세스와 소비자 만족도를 얻어내야 살아남을 수 있다.

또 지금 시대에 필요한 것은 퍼스트 무버First Mover 전략이다. 옛날에는 큰 물고기가 작은 물고기를 다 잡아먹었지만, 지금은 빠른 물고기가 큰 물고기까지 잡아먹을 수 있는 시대다. 새로운 제품과 기술을 주도하는 기업이 시장을 선도할 수 있다. 스스로 시장을 만들어내서 새로운 먹을거리를 찾아내지 못하면 대기업도 빠른 물고기에게 먹히고 만다.

화폐도 얼마만큼 빨리 움직일 수 있느냐에 따라서 그 나라의 경제 성장을 가져올 것이다. 지금의 돈은 너무 헤비heavy하다. 결제 체계가 너무 복잡하다. 온라인 상점에서 소비자가 결제를 해도 판매자가 대금을 받기까지는 많은 시간이 걸린다. 판매를 잘하고도 대금을 받지 못해 현금흐름 압박으로 허덕이는 온라인 상점들도 많다. 돈의 동맥경화 현상이 발생하는 것이다.

새로운 온라인 경제에는 적은 수수료로 기다림 없이 더 빠르게 시장을 침투할 수 있는 빠른 화폐, 빠른 결제가 필요하다. 게다가 인터넷 안에서 확장성이 있어야 하고 글로벌하게 통용돼야 한다.

그런 면에서 블록체인 암호화폐는 적합하다. 특정 나라, 특정 기업에만 유리하도록 특화돼 있지 않으면서도 세계적인 범용성이 있다. 비트코인이 속도가 느리다는 지적을 받고 있지만, 그렇다고 며칠씩 걸리는 건 아니다. 아직까지는 일반인이 실생활에서 실감할 수 있을 정도로 제도권 안으로 받아들여진 것은 아니지만, 그 속도를 높일 만한 뉴스들이 점점 많이 나오고 있다. 적어도 지금의 10대 20대들에게는 그런 뉴스들이 의미가 있을 것이다. 미래 세상을 살아가야 하기 때문이다.

4

카카오, 네이버가
아마존, 구글이 되는 법

국가 권역을 넘어가는 미래 IT기업 중에 중국에는 알리바바, 텐센트가 있고 미국에는 아마존, 구글, 페이스북이 있다면, 한국은 카카오와 네이버가 있다. 반면 일본과 유럽은 해당 사항이 없다.

카카오는 5천만 명의 한국 시장을 점령하고 있고 주식 시장에서 기업가치를 높게 평가받고 있다. 그 이유는 5천만 명 한국 시장이 아니라 동남아시아 시장, 일본 시장의 인구까지 포함한 기업가치를 선반영해서 보기 때문이다. 네이버의 경우에는 카카오가 한국 시장에서 구사했던 캐릭터를 활용한 메시징 앱 전략을 그대로 일본에 적용해 라인으로 시장을 장악했다.

예를 들어 오리온이라는 기업이 있다고 하면, 예전에는 우리나라에서 과자가 많이 팔리는 만큼 기업가치를 평가하고 주가가 올랐지만, 지금은 동남아시아는 물론 러시아, 미국에서 팔리는 시장

가치까지 평가돼 주가에 반영된다. 카카오, 네이버 같은 인터넷 기업은 그런 현상이 더욱 심하다.

5천만 명 인구만 가지고는 주가가 더 오를 수 없다. 일본과 동남아시아까지 포함해서 기업가치를 평가받아야 주가가 오를 수 있다. 우리나라에 삼성전자, LG화학, 현대자동차 외에도 글로벌 밸류를 평가받을 수 있는 기업이 등장한 것이다. 네이버나 카카오는 인터넷 안에서 밸류를 무한 확장할 수 있기 때문에 지금보다 훨씬 더 주가가 오를 여지가 있다.

동남아시아에서의 콘텐츠 장악력
◇◇◇◇◇

유튜브를 가진 구글, 인스타그램을 가진 페이스북, 세계 최대 온라인 스트리밍 플랫폼을 가진 넷플릭스, 전 세계에서 빠르게 틱톡커를 늘리고 있는 틱톡 등을 보면 범용성이나 확장성에서 한국인으로서 두려움까지 느껴질 정도다. 카카오나 네이버 같은 기업 입장에서는 더할 것이다.

그러나 콘텐츠 영향력에 관해서라면 "그들의 시세가 무섭지만, 동남아시아에서 그들이 우릴 이길까?" 생각해 보면 희망적이다. 구글, 아마존 등 해외 거대 IT기업들이 블록체인 분야에 적극 뛰어들지 않은 지금, 카카오나 네이버가 독자적인 블록체인 생태계를 제대로 만드는 데 성공하면, 글로벌 IT기업 중에서는 후발주자이지만 판세를 뒤집을 수 있다고 생각한다.

최소한 동남아시아, 중화권, 동아시아 시장에서는 우리나라가 콘텐츠 장악력이 있다는 것이 객관적인 사실이다. 이미 인구가 고령화되고 있는 미국과 유럽의 콘텐츠가 동남아시아를 장악할 수는 없다. 중국도 콘텐츠 장악은 역부족이다.

동남아시아의 웹툰 시장에서 카카오와 네이버는 엄청난 영향력을 발휘한다. 1~5위를 한국 콘텐츠가 장악하고 있다. 넷플릭스에서도 한국 드라마는 상위권을 장악하고 있다. 동남아시아 인구 비율을 보려면 넷플릭스 상위 랭킹 드라마를 보면 알 수 있다. 일본과 비교해 보면 상위 랭킹에 '사랑의 불시착', '이태원 클라쓰'가 1, 2위에 있다. 그렇지만 동남아시아는 '싸이코지만 괜찮아', '쌍갑포차'가 1, 2위에 있다.

동남아시아에서는 10대에 대한 접근성이 좋아야 한다. 미국 콘텐츠로는 한국의 아이돌 문화 콘텐츠를 따라잡을 수가 없다. 게다가 정서적인 면에서도 다르다. 그보다 문제는 다른 곳에 있다. 기껏 글로벌에서 성장할 수 있는 플랫폼을 키워놨는데, 과금할 방법이 없다면 수익은 얻을 수 없다.

동남아시아는 은행계좌 보유율이 낮고 신용카드를 많이 쓰지 않는 곳이다. 그렇다면 과연 결제에서는 어떤 모습이어야 할까. 모바일 결제는 물론이고 비트코인의 태동과 암호화폐의 진화에 대해서는 선진국보다는 신흥국들이 훨씬 직접적이고 익숙한 시선을 가지고 있다.

페이팔은 왜 비트코인을 결제에 포함했을까

◇◇◇◇◇

페이팔은 송금해 주고 수수료를 받는 기업이다. 우리나라는 시중은행에 가도 외환 송금이 잘 되기 때문에 페이팔을 쓸 필요가 없다. 그러나 외국에서는 시중은행에서 외환 송금을 지원해 주지 않는 곳이 많아 페이팔 플랫폼을 많이 쓴다. 그러다 보니 독점 기업이 됐고 수수료가 엄청 비싸다.

미국 내에 사는 이민자나 미국에 취업한 외국인 노동자의 수는 많다. 이들이 본국에 있는 가족에게 돈을 보낼 때 송금 서비스를 이용하면 일주일, 한 달이 걸린다. 게다가 수수료도 비싸다. 송금이나 결제가 소액일 경우에는 배보다 배꼽이 더 클 수도 있다. 그러다 보니 이들이 대안으로 찾던 방법이 바로 비트코인이다. 송금이나 결제를 비트코인으로 보내 훨씬 더 빠르게 가고 수수료가 적었다. 그렇게 비트코인은 가격 변동성이 너무 크다는 질타에 상관없이 필요한 사람은 송금 결제로 쓰게 되었다.

그리고 외환 송금에서 기존 화폐는 중개자가 많기 때문에 단계가 복잡하다. 한국의 A씨가 미국에 있는 유학생 딸 B씨에게 돈을 보낸다고 생각해 보자. 외환 송금을 해서 숫자가 딸의 통장에 찍힌다고 해도 실제로 돈이 직접 간 것은 아니다. 그렇다면 왜 미국에 있는 금융기관에서는 돈을 내줄까? 지금 처리해 주면 어느 날 정산해 준다는 신뢰가 있기 때문이다. 온라인으로 숫자를 보냈지만 미래의 어느 날 실제로 실물의 달러를 보내야 한다.

그래서 외환 송금에는 제3자 보증이 필요하다. 한국에서 돈을 보낸 엄마의 은행을 보증해 주는 대리인이 있고, 수신자인 딸이 이용하는 은행을 보증해 주는 대리인이 있다. 이들이 실물 화폐에 대한 보증을 서주면 해외의 수신자 은행에서 딸이 돈을 전달받을 수가 있다. 중간에 있는 대리인(중개은행)은 합법적인 환전상 같은 것이다. 이렇게 많은 거래 단계가 있다 보니 송금수수료, 전신료, 중계 수수료, 수취수수료 등 수많은 거래 비용이 들고 실제 전달받을 수 있는 기간도 일주일에서 한 달이 걸리는 것이다.

페이팔도 역시 마찬가지로 송금 시간이 많이 걸리고 수수료도 많다. 하지만 우리나라처럼 은행 인프라가 잘 돼 있는 곳이 아니라면 페이팔을 사용할 수밖에 없다. 국경을 넘는 해외 송금에서 느리고 비싸며 불투명한 은행 시스템을 개선하기 위해 생겨난 블록체인 암호화폐가 바로 리플XRP이다. 쉽게 말하면 중간의 유통 마진을 혁신하기 위해 나타난 것이다.

카카오, 네이버에서 웹툰을 한 편 보기 위해서 지금의 결제 플랫폼을 이용한다면 200원을 지불하려고 엄청난 비용을 써야 한다. 잘못하면 200원 벌자고 500원을 쓸 수도 있다. 이래서는 글로벌 기업으로 성장할 수가 없다. 해외 시장에서 수익을 올리려면 네이버, 카카오는 생존을 위해 블록체인 암호화폐를 개발할 수밖에 없다.

수수료 없는 소액결제에 코인이 필요하다
◇ ◇ ◇ ◇ ◇

우리나라에도 가끔 아마존에서 해외직구를 하는 사람이 있다. 그들은 우리나라에 없는 물건이 필요할 때 아마존을 이용한다. 같은 제품이라면 수수료 때문에 아마존을 이용할 이유가 없다. 아마존은 우리나라 쿠팡 같은 플랫폼보다 물건이 더 다양하다. 쿠팡 같은 곳에서 찾는 물건이 없을 때 아마존이나 알리바바로 가서 쇼핑하는 사람들이 있다. 거긴 전 세계 물건이 다 있어서 없는 게 없다고 한다. 워낙에 많은 이용자가 있어 그만큼 많은 물건이 올라오고 단가도 싸진다.

아마존이 우리나라 들어와서 사업을 한다면 카드 결제가 잘 되는데 암호화폐가 무슨 필요가 있겠냐고 하는 사람들이 있다. 그러나 소액결제에 관해서는 세계 어느 IT기업이든 마찬가지다. 1,000원짜리 5,000원짜리 결제가 쉽게 돼야 그것이 5만 원, 10만 원짜리 결제로 원활하게 이어진다. 대부분 사람들은 10만 원 전후에서 결제를 할 텐데 금액이 그 이상 넘어가면 수수료 때문에 부담스러워서 이용하지 않는다면 아마존은 성공하지 못한다. 그러나 우리나라에 들어와서 사업을 하는데 환율 문제와 상관없이 1,000원짜리 머리끈을 살 때 쿠팡과 똑같은 수수료 조건이라면 아마존은 한국 시장을 장악할 수 있을 것이다.

페이스북이 만드는 리브라('디엠'으로 이름 변경)나 스테이블 코인들이 주목받고 있는 것도 이 때문이다. 2020년 12월 22일 현재 코인마켓캡coinmarketcap.com에서 전 세계 시가총액 20위 코인들을 보면, 테더USDT, USD코인USDC 등의 스테이블 코인임을 확인할 수 있다. 이들 스테이블 코인은 가격 변동성이 없이 미국 달러의 가치에 고정되어 발행된다.

우리나라도 블록체인 암호화폐 사업을 합법화하는 과정이 이뤄져야 한다. 그렇지 않으면 이미 포화된 전자상거래에서 성장할 수 있는 기업이 나올 수 없다. 결국엔 이 기업들이 해외 시장에서 기업 가치를 키우고 성장을 계속해야 한다. 그러려면 해외 결제가 가능한 플랫폼이 반드시 필요하다. 라인의 한 관계자는 일본과 싱가포르에서만 블록체인 사업을 하는 이유에 대해 "규제가 있어야 사업을 할 수 있다"라고 밝힌 바 있다.

5

카카오, 네이버가
암호화폐 코인을 만든 이유

네이버의 자회사 라인은 자체 개발 암호화폐 코인 링크LINK를 개발해 2020년 8월 일본 암호화폐 거래소 비트맥스에 상장했다. 비트맥스는 라인 메신저를 통해 간편하게 이용할 수 있으며, 비트코인, 이더리움, 리플, 비트코인캐시, 라이트코인, 링크 등 총 6개의 암호화폐만을 다루고 있다.

라인은 이후 블록체인 플랫폼으로 디벨로퍼스Developers를 오픈할 예정인데, 개발자들은 라인 블록체인을 기반으로 이곳에 서비스를 오픈할 수 있다. 블록체인을 기반으로 제작된 디앱(dApp, 분산형 애플리케이션) 서비스에 사용자가 가입하면 사용자의 활동량과 기여도에 비례해 보상으로 링크가 제공되는 구조다.

한편 우리나라 전 국민의 메신저 카카오는 블록체인 자회사 그라운드X가 블록체인 플랫폼을 서비스하고 있다. 클레이KLAY는 여기서 사용하는 암호화폐이며, 업비트 인도네시아 거래소에서 최초로 상장됐다. 암호화폐를 바라보는 정부의 입장이 정해지지 않았기 때문에 국내보다는 글로벌 시장에서 먼저 공개가 되었다. 총 발행량은 100억 개로 최초 상장가를 기준으로 하면 시가총액 규모는 1조 8,200억 원이다.

한국 원화를 쓰는 범원화 경제권

◇◇◇◇◇◇

OECD 자료를 보면 2030년까지 전 세계 중산층의 60% 정도가 동남아시아에 있을 것이라고 한다. 금융 접근성이 떨어지는 사람들이 73% 정도인 반면에, 70%는 모바일 기기를 가지고 있고 핀테크를 사용할 의향은 80%가 넘는다. 게다가 동남아시아 대부분의 국가가 자체적으로 금융 인프라를 구축하기 힘들기 때문에 외국 기업들이 필요하다. 페이스북도 리브라를 가지고 진출하려고 하는 것 같지만, 한국 문화의 파급력을 생각하면 동남아시아에서는 한국 기업들이 선전할 것이다.

우리가 카카오톡을 깔면 그 안의 전자지갑이 같이 다운로드된다. 그 안에서 결제되는 코인이 만약 원화 디지털화폐로 연동하게 된다면, 한국에서만 쓰던 원화가 동남아시아에서도 쓰일 수 있다는 이론이 가능하다. 원화는 원래 한국에서만 쓰이기 때문에 상대적으로 약세인 통화다. 그런데 우리나라도 일본의 엔화가 기축화폐로 쓰이듯이 동남아시아를 포함해서 6억 명이 넘게 쓴다면, 미국 달러와의 무제한 통화 스와프 체결도 가능해질 것이다. 원화가 기축화폐에 포함되는 그림이 되는 것이다.

　일본에서는 네이버의 라인이 메시징 앱 1위를 차지하고 있다. 코로나19 때문에 필요한 대국민 설문을 라인을 통해서 돌리겠다고 검토할 정도다. 일본도 코로나 유행으로 인해 인터넷 환경이 중요하다는 국민적 관심을 얻고 있는데, 만약 일본과 교류할 때 라인에 있는 코인으로 결제할 수 있다면 일본 시장까지 원화 경제권에 포함시키는 것도 가능하다.

　5천만 명의 인구를 가진 한국이 유럽에 있는 나라였다면 유럽 사람들이 가장 두려워하는 나라가 됐을 것이라는 말이 있다. 인터넷 환경이 제대로 안 갖춰져 있는 유럽에서 인프라 설비를 다 갖추고 있는 한국이라면, 카카오와 네이버가 유럽에서 가장 큰 영향력을 발휘했을 것이다.

　최근 들어서 금융권에서도 긴장감이 조성되고 있다. 채용에서도 블록체인이나 IT 관련자를 주로 채용한다. 경제 전문가나 사무직원이 아니다. 비트코인 같은 국제적인 통화결제가 필요한 카카오, 네이버의 코인 성장은 곧 은행권의 몰락과 연결된다. 신용카드 회사들은 수수료를 바탕으로 성장하는데, 코인 결제가 퍼지면 수수료 수익을 얻지 못한다. 은행권과 비교하면 코인은 거의 무료에 가깝다.

카카오가 구축하는 블록체인 세상

◇◇◇◇◇

카카오는 클레이튼이라는 플랫폼을 만들어놓고 생태계를 조성하고 있다. 여기서 채팅 디앱을 깔 수도 있고 은행 디앱을 깔 수도 있고 웹툰 디앱을 깔 수도 있다. 마치 구글 플레이스토어Console에 앱을 출시하는 것과 같다. 플랫폼에 상점을 오픈할 수 있도록 환경을 조성하는 것인데, 이것을 블록체인 기술로 하면 보안이 좋다.

애플도 이런 소프트웨어 제공으로 돈을 번다. iOS에서 다운을 많이 받고 사용자가 많아지면 생태계를 구성한 애플이 돈을 벌 수 있듯이, 카카오도 이런 생태계 안에서 킬러디앱을 탄생시키면 함께 대박이 나는 구조다. 이오스EOS, 네오NEO, 에이다ADA, 이더리움 ETH 등이 모두 생태계를 구성하는 암호화폐 코인들이다.

카카오톡 메신저가 전 국민에게 퍼졌을 때 가입자는 많은데 매출이 없으니 버티지 못할 것이라는 이야기가 많았다. 서버 관리에도 인력이 많이 필요했을 텐데 수익 구조가 없는 상황에서 중국 텐센트의 투자를 받아 버텼다. 이 상황을 타개해 준 것이 게임이다. 카카오톡을 기반으로 한 모바일 퍼즐 게임인 애니팡이 엄청나게 히트를 치고 거기서 또 아이템을 팔게 되면서 수익 내는 법을 터득한 것이다. 클레이튼도 마찬가지로 그 안에서 작동되는 히트 디앱이 나와서 인기를 끌면 이걸 다운받기 위해 엄청난 사람이 몰리면서 수익을 낼 수 있을 것이다.

지금까지는 영세한 업체들이 블록체인 개발에 뛰어들다 보니 블록체인 속도가 따라붙지 못한 점이 있었다. 많은 사람이 접속해서 쓰기에 무리가 있었고, 그만큼 프로젝트의 실행 가능성이 낮은 것도 있었다. 그러나 이제 기술과 자금력을 갖춘 대기업들이 들어오면 이런 문제점들이 상당히 개선될 것으로 기대된다. 결제 속도는 1, 2초 정도면 된다.

카카오톡 안에 탑재되어 있는 클립은 디지털 자산 지갑이라고 표현된다. 블록체인 계열의 카카오페이다. 여기서 디지털 자산은 암호화폐뿐 아니라 훨씬 넓은 범위의 개념이다. 게임에서 획득한 아이템도 포함되며, 쿠폰이나 포인트도 포함된다. 좀 더 확대하면 기부금, 비상장주식 투자 참여 확인서 같은 것도 포함할 수 있고, 실물 자산을 디지털화하는 것도 가능하다.

인터넷 환경에서는 가짜 뉴스나 악성 댓글에 오염되기도 하고 상대방이 누군지 몰라 일어나는 사기 사건도 있다. 사진, 동영상 같은 콘텐츠는 쉽게 복사되기 때문에 이로 인한 문제들도 있다. 블록체인은 비대면 시대에 좀 더 적합한 환경이다. 글로벌화한 환경에 상대가 누군지 모르는 상태에서 안전하게 거래하고 디지털 자산을 유통시킬 수 있도록 설계돼 있다.

블록체인은 여러 개의 정보를 잘게 쪼개서 블록에 저장한다. "나는 대한민국 20세 남자이다"라는 정보라면 '나는' '대한민국' '20세' '남자이다'가 별도의 블록으로 돼 있다. 일부 해킹을 했더라도 4개의 블록이 합해지지 않으면 데이터를 해독할 수가 없다. 그걸 암호화해서 각자 가지고 있는 블록에 저장하고 보관에 대한 대가를 보상받는 것이 암호화폐 코인이다.

인터넷에서 블록체인으로, 우리가 살아갈 세상
◇◇◇◇◇

인터넷 시대에 구글, 페이스북이 등장한 것처럼 블록체인 시대에는 또 다른 혁신 기업이 등장할 것이다. 인터넷 다음 세상을 준비하는 일이다.

닷컴 기업이 개인정보를 수집해 팔아넘기는 일이 문제가 되고, 대한민국 국민들의 주민등록번호까지 중국 브로커들에게 많이 노출되자 정보통신망법 개정으로 2012년부터 인터넷상 주민등록번호 수집이 금지되었다. 이후에도 은행, 보험사, 카드사, 통신사, 유통업체 등에서 해킹이나 내부자 유출로 개인정보가 수도 없이 유출되었다.

카카오나 네이버 또한 개인정보를 수집하는데, 그동안 기업들이 개인정보를 가공해서 팔면 그 수익은 고스란히 기업들이 가져갔다. 그러나 앞으로는 이 양상이 달라질 것이다. 카카오는 블록체인 사업에서 NFT(대체가능토큰)라는 것을 활용해 기업 대신 개인이 데이터를 소유, 관리하는 '데이터 소유권' 생태계를 만든다고 밝혔다. 이로써 거래 장터에서 이용자가 자신이 보유한 데이터를 거래하는 것도 가능할 것이다.

데이터는 실질 자산과 달리 복사와 배포가 쉬운 탓에 데이터 자체의 자산 가치를 인정받지 못했다. 게다가 대부분의 데이터가 기업 서버에 보관되어 데이터의 소유권도 창작자 개인이 아닌 기업이 가져갔다. 그러나 블록체인으로 만들면 다르다. 만일 게임에서 희귀 아이템을 얻었다면 이것은 이용자에게 귀속되고 타인이 복사할 수 없으며, 다른 블록체인 네트워크에 속한 게임에서도 사용할 수 있다. 또 희귀성을 인정받으면 고가에 거래될 수도 있다. 블록체인이 개인정보만 보관하는 것이 아니라 자산 가치를 지닌 데이터도 담을 수 있게 된다.

사람들은 4차 산업혁명 이후 인공지능 로봇이 일자리를 뺏어갈 것이라고 걱정하지만, 그때는 어디에서 무엇을 하든 자신이 움직이고 생활하는 모든 것이 돈이 되는, 그런 미래 사회가 될 것이다.

유럽에서 페이스북의 개인정보 유출 문제를 계기로 디지털세가 이슈가 되었다. 이 문제가 정리된다면 카카오, 네이버 같은 IT기업들은 개인정보를 가공한 만큼 그 개인에게 가치를 배분해 줘야 한다. 그걸 배분할 때 블록체인은 분산저장 기술로 안전성을 확보해 줄 수 있다.

게임회사가 유저 정보를 모아서 이것이 필요한 기업에 제공했다면, 그 기업은 개인정보를 가공해 돈을 벌고 게임을 하던 유저는 개인정보를 제공한 대가로 암호화폐 코인을 얻을 수 있다. 이것으로도 충분히 생활이 가능한 세상이 오는 것이다. 경제활동, 노동의 개념이 바뀌는 것이다. 이것이 바로 카카오나 네이버 같은 IT기업이 블록체인 사업과 암호화폐 코인에 뛰어드는 이유다.

6

IT기업에는 디지털세,
개인에게는 보상을

2019년 암호화폐 업무로 스페인 바르셀로나를 방문했던 나의 지인이 아이폰으로 3분짜리 영상을 찍었다. 인터넷 전용 카페에서 그걸 유튜브에 업로드하는 데 세 시간이 걸렸다며 불편을 토로했던 적이 있다. 우리나라였다면 10분이면 됐을 텐데 기다리는 게 너무 답답했다고 한다.

유럽에서는 그동안 인터넷 환경이 중요하다는 걸 느끼지 못했다. 그런데 2020년 코로나 팬데믹으로 집에서 방송을 한다든가 집에서 강의를 듣는다든가 집에서 택배를 받는 게 중요해지면서 자각하기 시작했다. 전자금융이나 전자상거래 생태계가 구비돼 있지 않고, 비대면 서비스를 가능하게 하는 플랫폼이 자신들에게 없다는 걸 이제야 깨달은 것이다. 인터넷망도 핀란드, 스웨덴 등의 북유럽을 제외하면 제대로 갖춰져 있지 않다. 타국에 비해 인터넷 통

신망이 뒤처진 독일을 비롯한 여러 유럽 국가들은 어떻게든 2021
년부터 5G 통신망 구축에 박차를 가하게 될 것이다.

그런데 미국의 트럼프는 국가안보를 이유로 중국의 통신장비업
체 화웨이를 압박하는 전략에 서방 국가가 공조할 것을 요청했다.
처음에 유럽은 별다른 반응을 보이지 않았다. 트럼프는 5G 이동
통신망에서 화웨이 참여를 배제시키라고 요구했지만, 호주가 가장
먼저 화웨이 장비의 사용을 전면 금지한 반면 유럽 주요 국가들은
결정하지 않고 있거나 그대로 허용하겠다고 했다. 값싼 화웨이 장
비를 다른 걸로 대체하려면 비용이 많이 들기 때문에 망설인 것으
로 보인다. 그러나 결국 방향은 바뀌어 영국은 화웨이 퇴출을 언급
하고, 프랑스는 화웨이의 사업 면허를 짧게 부여하겠다고 통보했
다. 대신 유럽 업체인 에릭슨과 노키아에는 8년짜리 긴 사업 면허
를 발부했다. 독일은 화웨이 5G 장비 사용을 허가하는 대신 데이
터 유출 사고 발생 시에 화웨이가 금전적인 보상을 해야 하는 것으
로 가닥이 잡혔다.

미국과 유럽의 무역전쟁

◇◇◇◇◇

트럼프는 대통령 임기 동안 중국 말고 유럽연합과도 무역 충돌
을 일으켰다. 차기 대통령 선거 전까지 무역협정 체결에 협력하지
않으면 유럽산 자동차에 25% 관세를 부과하겠다고 위협하기도 했
다. 미국의 유럽연합에 대한 무역적자 규모가 1,626억 달러에 달
한다며 불만을 표시한 것이다. 2018년에는 유럽연합을 포함한 외

국산 철강, 알루미늄 제품에 각각 25%, 10% 관세를 물리기도 했다. 유럽연합은 이에 맞서 미국산 오렌지, 청바지 등에 보복관세를 부과했다.

여기서 우리나라와도 관련된 이슈는 디지털세다. 구글, 애플 등의 글로벌 ICT(정보통신기술)기업은 서비스 사용 국가에 물리적 사업장을 두지 않아도 사업활동이 가능한 특성을 활용해, 아일랜드, 룩셈부르크 등 법인세율이 낮은 국가에 법인을 설립해 놓고 다른 국가에서 올린 소득을 이전해 법인세를 낮게 납부하는 방식으로 영업을 해왔다. 우리나라에서는 2017년 네이버가 4천억 원 이상의 법인세를 납부하는 동안, 구글코리아는 200억 원 미만의 법인세를 납부했다.

구글은 아일랜드에 법인을 두고 조세회피 지역인 버뮤다에 지사를 둔 다음, 전 세계에서 발생한 수익을 버뮤다로 보내 매출이 발생한 국가에서 납세하는 세금을 줄이는 수법을 써왔다. 프랑스 정부는 이것을 적발해 2019년 약 10억 유로(약 1조 2,862억 원)의 벌금과 가산세를 부과하기도 했다. 유럽연합은 아일랜드 정부에 애플의 조세회피 혐의(2004~2014년 발생분)에 대해 130억 유로를 추징하라고 명령하고, 아일랜드는 2014년 세법을 개정한다. 유럽연합은 철강, 알루미늄에 이어 자동차와 부품에 대한 미국의 관세 위협에 협상카드로 디지털세를 꺼내들었다.

2019년 유럽연합이사회는 OECD를 통해 국제적 표준을 마련하겠다고 발표했다. 전 세계에서 모두 해당 국가 매출액이 기준 이상일 경우 디지털세를 부과해야 한다는 것이다. 프랑스는 2020년 1월 미국의 ICT기업에 연 매출 3%의 디지털세를 부과하려고 했는데, 미국이 와인, 치즈, 명품백 등에 보복관세를 물리겠다고 하자 디지털세 부과 계획을 유예해 놓은 상태다. 영국도 브렉시트 후 미국과 무역협상을 해야 하기 때문에 경과가 어떻게 흘러갈지 눈여겨봐야 한다.

인스타그램, 유튜브 등에는 전 세계에서 각 개인이 고유하게 만들어낸 데이터들을 올리고 그 때문에 사람이 몰린다. 기업은 사람이 모이는 공간을 만들었지만 사람이 모이는 이유는 각 개인이 올린 데이터 덕분이다. 그러나 개인들의 수고와 노력을 공짜로 얻은 기업은 몰려든 개인들의 정보를 가공해 돈을 번다. 앞으로는 개인정보에 대해 좀 더 특별한 시각을 가지고 살펴봐야 하는 시대가 올 것이다.

유럽은 지금 비대면 기술 생태계에서 힘을 못 쓰고 있다. 장비도 플랫폼도 외국 기업이 만들어놓은 것들을 써야 되는 상황이다. 대비하고 있는 유럽 국가는 'e-크로나'를 개발하고 있는 스웨덴 정도밖에 없다. 여기서 만약 논의가 되고 있는 CBDC를 글로벌 ICT기업을 통해 유럽에서 쓰이게 한다면 유로화를 쓰는 7억 명의 유럽 인구에서 미국 달러 결제가 늘어날 수 있다. 지금 화폐 역사는 기로에 서 있다.

개인정보는 미래의 원유

◇◇◇◇◇

구글의 인공지능 알파고AlphaGo를 개발한 데미스 하사비스는 다음과 같은 말을 했다. "디지털 개인정보가 미래의 원유다." 21세기에는 빅데이터를 가지고 있고 그것을 가공해서 써먹을 수 있는 능력이 20세기에 원유를 갖고 있는 것과 같다는 말이다.

2008년에는 글로벌 시가총액 상위 10대 기업 중 4개가 에너지 기업이었다면 10년 후인 2018년에는 그중 7개가 플랫폼 기업으로 바뀌었다. 이들의 공통점은 데이터를 수집할 수 있으며 빅데이터를 통해 타깃 마케팅을 할 수 있다는 것이다. 그들은 축적된 데이터로 혁신적인 서비스를 개발해 수익을 내고 있다. 전 세계에서 가장 많은 개인정보를 보유해 맞춤형 광고 정보를 제공하는 미국의 액시엄Acxiom이라는 기업은 2010년부터 이미 매출이 1조 원을 넘어섰다.

표 3 연도별 시가총액 상위 10대 기업

	2008년	2018년
1위	페트로차이나	애플
2위	엑손모빌	알파벳(구글)
3위	GE	아마존
4위	중국이동통신	마이크로소프트
5위	마이크로소프트	텐센트
6위	중국공상은행	페이스북
7위	페트로브라스	버크셔해서웨이
8위	로얄더치쉘	알리바바
9위	AT&T	JP모건
10위	P&G	존슨&존슨

출처: S&P Capital IQ, 3월 15일 기준

데이터를 만들어내는 사람은 원유를 만들어내는 사람과 같다. 데이터를 만들어낸 주체인 나, 너, 우리 각각은 한 명 한 명이 원유 생산국이다. 기업은 다양한 데이터를 수집하려고 하겠지만, 이것들을 안전하게 수집해서 처리, 제공하는 능력이 어느 때보다 필요하다. 그리고 데이터 소유권은 이제 어느 때보다 중요해졌다.

우리가 온라인 쇼핑몰에서 무언가를 검색하면 나도 모르게 나의 데이터가 수집되고 내가 관심 있는 것만 추천해 준다. 이 상황은 데이터 제공자는 '나'이지만, 그걸 IT기업이 자기 것을 쓰듯이 가져다 쓴 것이다. 그래서 보안의 문제가 생기며, 내 정보를 팔겠다는 동의가 있는 경우에만 그것을 기업이 대가를 지불하고 사가야 한다.

블록체인은 데이터를 분산원장으로 기록해서 보관하기 때문에 보안성이 높다. 내 정보를 암호화해서 저장할 수 있다. 내가 퇴근해서 지하철을 타고 집까지 걸어오는 데 들인 시간과 노력, 이때 보고 듣고 느낀 환경을 블록체인에 기록하면, 이것을 분석해 물건을 개발하거나 가공해서 팔고 싶은 기업이 허락 없이 가져갈 수가 없다. 이런 블록체인은 탈중앙화라는 특성이 있어서 블록을 형성하고 데이터를 관리하는 노력을 기울인 사람에게 암호화폐 코인을 보상으로 지불한다. 그래서 블록체인은 발전시키고 암호화폐는 없애자는 말은 참 이상한 말이 되는 것이다. 보상으로 주어지는 암호화폐가 없어도 된다는 말은 원유를 시추한 기업에게 대가를 지불하지 않아도 된다는 말과 같다.

그런데 이 개인정보 데이터에 대한 가치는 처음에는 10원, 100원 정도로 낮을 것이다. 이런 작은 것들이 빈번하게 움직이면서 하루에도 수십만 건, 수천만 건 거래가 되는 모습일 것이다. 만약 외국 기업이 우리나라에서 사업을 하기 위해 한국인의 데이터가 필요한데 그걸 원화로 결제하기에는 무리라면 암호화폐 코인으로 결제하고 사갈 수 있을 것이다. 국제 결제상 데이터 산업에서 암호화폐는 없어서는 안 될 존재가 되는 것이다.

그렇게 된다면 많은 데이터를 생산하는 사람은 중동의 원유 부자처럼 데이터 부자가 될 수 있다. 자동차 마니아가 자신이 쓰고 있는 차의 연비가 실제로 어떻고 바퀴 교체 주기는 어떻고, 운전 패턴에 따라 데이터는 어떻게 달라지는지 정보를 담을 수 있다면, 자동차 관련 기업 입장에서 그 데이터는 비싼 가치를 지니게 된다. 힘든 육체노동을 인공지능이 대신하는 시대에 이렇게 코인으로 보상 환경이 이뤄지면 일하는 목적이나 일하는 형태가 바뀔 것이다. 단순히 내가 좋아하는 스포츠 활동을 하는 것만으로도 나이키 같은 기업과 거래할 수 있다. 인플루언서들의 활동을 보면 그 조짐은 이미 나타나고 있음을 알 수 있다.

암호화폐는 미래 세상의 모습

◇◇◇◇◇

우리가 병원에 가서 X레이를 찍거나 CT 촬영을 할 때 돈을 들여 검사받고 진료받는다. 그러나 그 데이터들을 가져가려고 하면 병원은 자기네 것이라는 전제하에 원본을 내주지 않으며 돈을 받고 복사본을 준다. 그 데이터들이 혹시 화이자 같은 기업에 팔려나간다고 해도 우리는 모르고 지나간다.

사람의 생체 정보라든가 코로나 같은 질병에 대한 정보도 잘 모아서 빅데이터로 가공하면 돈이 된다. 지금까지 행해졌던 것처럼 개인의 정보를 당사자 모르게 도용하는 것이 아니라 정당한 보상을 지불하고 사용한다면 문제없을 것이다. 이제는 아무나 마구 갖다 써도 된다고 사고하면 안 된다. 이 점이 바뀌지 않는다면 인공지능 빅데이터가 지배하는 세상은 인간에게 공포로 가득 찬 무서운 세상일 것이다.

코로나 팬데믹을 경험한 기업은 이제 사람들이 생각보다 많이 없어도 경제가 돌아간다는 걸 학습했을 것이다. 정부는 앞으로 줄어드는 개인의 수입을 메워줄 수 있는 기술 개발을 권장해야 한다. 그 많은 실업자들을 먹여 살릴 수 있는 방법은 과거의 방식으로는 불가능하다.

1960년대에 우리나라에는 화장품이 락희화학공업사(현 LG화학)의 동동구리무(럭키크림)밖에 없었다. 그것 하나만 사면 어머니들이 좋아했다. 그러다 1970~80년대에 색조 화장품, 기능성 화장품이 나오기 시작했다. 마찬가지로 돈도 이제는 기능성 있는 돈들이 필요하다. 중앙은행이 발행하고 시중은행이 레버리지를 일으킨 화폐 외에도 더 많은 기능성 화폐가 필요하다. 화폐도 더 세분화되어야 한다.

화폐가 인간의 정보를 담는다는 것은 혁신이다. 블록체인 기술이 아니면 인문정보를 기록할 수 있는 화폐는 없다. 화폐도 이제 온라인 국제 결제에 맞춘 기능성 화폐가 필요하다.

만일 뷰티 미용 쪽으로 특화된 블록체인 암호화폐를 만든다고 하면 미용 정보들이 들어가 있는 코인들은 이쪽 시장에서 훨씬 잘 기능할 것이다. 그걸 또 중앙은행이 호환해 주는 디지털화폐가 생길 수도 있다. 기능성 화폐는 이제 국가에도 필수 시스템이 될 것이다.

7

국가도 비트코인이
필요하다

홍콩은 외환위기가 없는 곳이었다. 홍콩달러와 달러가 페그제peg system로 돼 있기 때문이었다. 홍콩이 자국 통화의 환율을 기축통화인 미국 달러에 고정시키는 환율 제도다. 1983년 1월부터 1달러당 7.79~7.87홍콩달러 범위 안에서 유지하고 있다. 중앙은행인 홍콩금융관리국HKMA이 환율이 상한선이나 하한선에 근접할 때 개입해 달러를 사거나 팔면서 페그를 유지한다.

1987년 블랙 먼데이, 2001년 9·11테러, 2009년 리먼 브라더스 사태 등 금융위기가 닥칠 때마다 충격에 잘 버텼기 때문에 홍콩은 금융허브라는 평가를 받을 수 있었다. 투자자들이 홍콩에 안심하고 돈을 넣는 이유는 비교적 안전하고 쉽게 환전할 수 있기 때문이다.

전문가들은 우리나라에 부동산으로의 자산 쏠림 현상이 있다고 지적한다. 우리나라 주식 시장에는 삼성전자 같은 펀더멘털 좋은 주식을 사기 위해 외국 자본이 들어온다. 주식 시장 같은 자산 시장이 커지면 외국 자본은 더 많이 들어올 것이다. 새로운 자산 시장이 필요하다고 얘기하는 이유가 여기에 있다. 외국 자본이 많아진다는 것은 우리나라 기업의 주가가 오르고 시가총액이 많아진다는 것을 의미한다. 그렇게 500조 원짜리 기업이 2천조 원이 되면 1,500조 원만큼 외환이 들어온 것이다. 새로운 자산 시장의 형성은 곧 외환보유고를 늘려 외환 시장의 안정적인 조절이 가능해진다는 뜻이다.

한국의 트라우마, 달러 보유

◇◇◇◇◇

1970~80년대 중동 건설 붐이 일었을 때 오일달러를 벌어오는 건설 노동자들에게 '달러를 벌어오는 애국자'라는 말들을 했다. 박세리가 LPGA에서 활약할 때나 박찬호가 MLB에 진출했을 때도 '애국자'라는 말을 많이 했다. 그 당시는 우리나라가 외환위기를 겪고 있을 시절이었기 때문에 더욱 그랬다. 이것은 단지 심리적으로 국민들에게 희망과 응원의 힘을 주었기 때문만은 아니다.

한국인이 외국에서 돈을 벌면 달러를 받는다. 이 달러가 우리나라에 송금되면 그 돈은 국가가 가져가고 당사자는 원화를 받는다. 국가는 별다른 힘을 들이지 않고 달러를 확보하게 된다. 이렇게 되면 나라에 달러가 많아져 국가의 대외신용도는 높아진다. 이 때문에 국가 입장에서는 외국에서 일하고 달러를 벌어온 사람이 애국자가 되는 것이다.

외환 확보는 국가의 중요한 임무다. 국가는 자국 통화를 찍을 수 있는 발권력이 있어서 원화의 통화량을 늘릴 수 있지만, 달러는 그럴 수가 없다. 원유를 수입할 때도 원화를 주면 원유를 내주지 않는다. 달러를 줘야 한다. 나라는 A급 화폐를 쓰고 국민들은 B급 화폐를 쓰는 셈이다. 국민들은 B급 화폐여도 국내에서만 쓰니까 상관없다.

미국이 강할 수밖에 없는 건 무역 규모가 줄어도 달러로 돌아가는 자산 시장이 있기 때문이다. 금융위기 이후 미국 달러는 중국이 수출을 통해 많이 가져갔다. 미국 달러 약세를 이야기하고 있지만, 반대로 미국이 달러를 많이 확보하면 미국은 더욱 강해진다.

2020년 코로나 팬데믹으로 각국에서 돈을 많이 풀었고, 그 때문에 주식 시장에도 돈이 많이 몰렸다. 우리나라에도 밤에 미국 주식에 투자하는 사람이 많이 생겨났다. 전 세계가 위기를 겪고 있는 상황에서 우리나라는 최근에 외환이 많이 들어왔지만, 미국 주식에 돈을 넣는 사람이 많다면 외환이 그만큼 많이 나가기도 한다는 얘기다. 경상수지 흑자가 나도 외환이 나가버렸다면 국가로서는 비상이다. 기업이 외환을 벌어와도 국민들이 다시 원화를 달러로 바꿔서 미국에 넣어버리는 셈이다.

그래서인지 정부는 2023년부터 금융투자소득세를 도입하겠다고 발표했다. 국내 상장주식, 주식형 펀드를 합산해 양도차익이 5천만 원이 넘으면 20% 과세하겠다는 것이 내용이다. 더불어 해외 주식, 비상장주식, 채권, 파생상품 소득은 묶어서 250만 원이 넘으면 과세된다. 암호화폐를 팔아서 거둔 소득에 대한 과세는 2022년 1월부터 시행된다. 1년 단위로 통산해 250만 원 이상 얻은 소득에 대해서만 20% 과세한다.

우리나라도 코로나 재난지원금을 풀면서 국가 부채가 늘었기 때문에 세수 확보에 고민일 것이다. 그런데 2020년 증권 시장 활황으로 증권거래세 수입이 전해 대비 두 배에 달하는 9조 원이 예상되고 있다. 국가에서도 암호화폐는 그래서 필요하다. 더군다나 암호화폐 시장은 24시간 거래되기 때문에 세수에서 엄청난 이득이 될 수 있다. 지금보다 글로벌 영향력이 커지고 거래 규모가 커진다면 국가 부채 발생과 같은 위험을 충분히 상쇄할 수 있다.

글로벌 한국코인거래소가 개장한다면

◇◇◇◇◇

기존 금융에 대한 허브가 되지 못했다 해도 우리나라가 블록체인 성지가 돼서 모바일 환경에 맞는 금융허브가 되면 미래를 준비하기가 좋아진다. 우리나라에 블록체인 시장이 주식 시장처럼 개장되면 홍콩증권거래소처럼 글로벌한 한국코인거래소가 만들어질 수도 있다. 이곳에 글로벌 투자자가 몰리면 원화로 블록체인을 사기 위해 외환이 많이 들어온다. 외환 수급에 있어 나라는 훨씬 자유로워진다.

지금은 암호화폐 코인 시장은 누가 글로벌 시장을 갖고 있다고 말할 수 없는 상황이다. 그런 의미에서 새로운 자산 시장을 대비하기 위한 노력이 필요하지 않을까. 무엇보다 네이버, 카카오 같은 기업이 안정적으로 성장할 수 있다. 우리나라에서 삼성전자가 경제의 축이 되는 이유는 외환을 벌어오기 때문이다. 카카오나 네이버가 외환을 벌어오는 국부 기업으로 성장할 수 있는 발판을 마련해 주고 싶다면 코인 시장을 활성화해야 한다(암호화폐와 코인은 같다고 보면 된다).

글로벌 IT기업의 성장과 함께 외환이 많아지면 원화가 기축통화로 갈 수 있는 상황도 만들어낼 수 있다. 유럽보다 높게 평가받을 수도 있다. 그런 의미에서 정부 입장에서도 코인 시장은 상당히 매력적인 자산 시장이 된다. 코인힐스에 따르면 2020년 12월 23일 현재 국가별 비트코인 거래량을 살펴보면 70.65%가 미국 달러, 19.67%가 엔화로 거래되었다. 거래소별로 살펴보면 바이낸스(중국에서 몰타로 이전)가 9.53%, 오케이엑스(홍콩)가 8.29%였다.

한국은 블록체인의 성지가 될 수 없을까

◇◇◇◇◇

2017년부터 2018년 암호화폐 급등과 급락을 겪을 때 우리나라에 블록체인 사업을 하기 위한 국내외 인력들이 많이 들어와 있었다. 정부 규제의 가이드라인이 없었기 때문에 프로젝트가 도산하는 경우도 많았고, 지금은 국민들에게 부정적인 이미지가 박혀 있다. 대다수 국민들은 주식 시장에 투자하며, 비트코인 암호화폐가 왜 중요한지는 잘 모른다.

중국이 홍콩 국가보안법을 제정하고 미국의 홍콩 특별지위 박탈 작업이 시작되자 홍콩의 '금융허브' 지위가 다른 곳으로 옮겨가고 있다. 홍콩의 금융 전문기관을 유치하기 위해 일본, 대만 등이 물밑작업을 하기 바빴는데, 홍콩에서 이탈한 자금은 정작 싱가포르로 몰리고 있다고 한다. 싱가포르는 법인세율이 홍콩처럼 높지 않다. 글로벌 헤지펀드들은 홍콩을 떠날 준비를 하거나 도이체방크의 아시아 담당 CEO처럼 싱가포르로 집무실을 옮기는 경우도 있었다. 한국은 금융허브 전략이 없다며 손 놓고 있다고 비판하는 사람도 있는데, 우리나라가 홍콩을 대체할 금융허브가 되지는 못해도 '물류허브' 지위는 가져올 수 있다는 것이 내 생각이다.

국제 무역에서 우리나라가 해결해야 할 것은 모호한 지위에 있는 결제 시스템이다. 글로벌 기업들은 옛날처럼 물건 100%를 파는 것이 아니라 물건이 50%면 나머지는 콘텐츠나 다른 영역을 판매한다. 물건을 파는 것이라면 해외 기업과의 거래에서 수입업자가 신용장 개설을 통해 정해진 선적서류를 제시하는 수출업자에게 일정 금액의 금전을 지급할 것을 위임하는 방식으로 이루어진다. 그러나 지금의 무역은 개인에게 직접 파는 거래에 가깝다. 우리나라에 외국 기업을 유치하고 싶다면 결제받을 수 있는 솔루션이나 인프라를 구축해 주지 않으면 안 된다. 미래를 선점하고 싶다면 우리나라는 기존의 자산 시장을 보기보다 디지털화폐로의 투자 시장을 여는 것에 대해 고민해야 한다.

글로벌 기업들이 우리나라에서 들어와 규제 안에서 블록체인 시범 사업을 많이 시도할 수 있다면 우리나라는 블록체인 비즈니스의 성지가 될 것이다. 블록체인 암호화폐는 외환 확보에도 영향을 준다. 예를 들어 네이버 코인을 일본인들이 사서 결제에 쓴다고 하면 우리나라는 기축통화인 엔화를 벌 수 있다. 외환을 빌려오거나 수출입해서 벌었던 효과를 누리게 된다.

5장

비트코인과
중앙은행 디지털화폐

1

달러는 양적완화로
과연 망할까

2008년 서브프라임 모기지론 사태를 수습하기 위해 양적완화를 단행하자 달러의 양이 너무 많아진 것 아닌가 지적하는 사람들이 많았다. 화폐의 타락은 역사적으로 꾸준히 있었던 일이므로 일견 타당한 이야기 같다.

19세기 조선의 고종 때 당시 집권자였던 흥선대원군은 왕권 강화의 상징으로 경복궁 재건을 천명했다. 문제는 돈이었는데, 국가 재정이 충분치 않아 기존 화폐인 상평통보의 최고액권인 당백전을 주조해 함께 쓰이게 했다. 당백전은 상평통보의 100배인 고액 화폐였지만, 구리 함유량은 단지 5~6배 높았다. 조선은 '악화'를 만들어낸 셈인데, 당시 발행량은 시중 통화량 전체보다 많은 거액이었다고 한다. 그 결과 한 포대에 7~8냥 정도였던 쌀값이 1, 2년 사이에 6배 넘게 폭등하는 하이퍼인플레이션으로 경제가 파탄에 이른다.

로마시대 네로 황제는 화폐 변조를 처음 시작한 황제였다. '데나리우스'라고 부르는 은화를 주조할 때 은 함량을 10% 줄인 것이다. 이후 여러 황제들이 화폐를 평가절하시켰고 카라칼라 황제는 은 함량을 50% 수준까지 낮췄다. 처음에 순은에 가까웠던 로마의 은화는 3세기 말이 되자 은 함유량이 5%밖에 되지 않았고, 화폐 가치의 하락으로 인플레이션이 일어나고 정치적으로 분열되어 결국 멸망하고 말았다. 황제들은 세금으로 들어오는 돈보다 더 많은 돈을 사용하려고 했고, 전쟁을 일으켜 은이나 금을 뺏어오거나 아니면 화폐를 변조하는 방법을 쓰곤 했다.

달러를 쓰는 사람이 더 많아지면 된다
◇◇◇◇◇

달러의 양이 너무 많아졌다며 인플레이션을 걱정하는 사람들은 로마 시대를 돌이켜보거나 1차 세계대전 이후의 독일을 떠올리곤 한다. 그때랑 같은 방향으로 가는 게 아니냐는 것이다. 그래서 달러를 포기하고 다른 화폐로 이전해 갈 수도 있다는 이야기를 꺼내는 것이다.

그런데 기축통화를 생각할 때 중요하게 다뤄야 할 것은 파이를 키운다는 개념이다. 기축통화는 쓰려는 사람이 많으면 그 지위를 유지할 수 있기 때문이다. 미국 달러는 주로 국제 교역에서 쓰였으며, 처음엔 미국과 유럽의 경제권이 썼다. 다음엔 일본이 포함된다. 미국과 유럽의 국제 교역에서만 달러를 쓰는 것보다 일본이 포함되면 달러의 양은 더 많아진다. 그러다가 한국과 또 다른 국가들이 포함되고 이제는 중국 시장까지 달러 경제권에 들어오게 되었다. 처음에 쓰던 달러의 양이 100이었다면 120, 160, 180으로 늘릴 수 있었다.

2008년의 금융위기는 미국에서 시작해 전 세계로 파급된 위기였다. 당시 모기지론이 증권화되어 전 세계로 팔려나갔기 때문이다. 대표적으로 휘청였던 나라가 아이슬란드인데, IMF 구제금융을 받았던 당시에 이런 말이 돌았다. 이 나라는 어업이 발달했는데, 청어를 잡아 빚을 갚으려면 837년 동안 청어를 내다팔아야 한다는 것이다.

미국 경기가 붕괴되고 전 세계가 연쇄 부도 위기에 몰리자 연방준비제도Fed는 양적완화로 많은 양의 달러를 찍어낸다. 달러의 양이 늘어난 만큼 실물경제에서 무역량이나 경제활동이 늘어난 것이 아니어서 위험한 상황이었지만, 경제가 꾸준히 성장하던 중국이 무역 교역에서 달러를 받아줌으로써 미국은 기사회생하게 되었다.

경제학에서 말하는 수요공급의 법칙을 들어봤을 것이다. 수요 곡선과 공급 곡선이 만나는 곳에서 가격과 거래량이 결정된다. 미국 달러를 많이 찍어내도 가져가려는 곳이 없다면 달러는 종이 쪼가리에 불과하겠지만, 13억 인구의 중국이 수요처가 되어줌으로써 달러의 가치는 떨어지지 않았다.

미국은 돈이 필요할 때 국채를 찍어서 시장에 내놓으면 중국이나 일본 같은 나라가 달러로 산다. 정부는 국채를 팔아서 달러를 얻어내고 나라 살림에 쓴다. 금융위기 때도 미국 국채를 중국이 많이 사갔기 때문에 위기를 넘길 수 있었다. 만약 중국이나 일본이 미국 국채를 안 받아준다면 연준이 사야 된다. 이것은 양적완화의 내용 중 한 가지인데, 국채를 정부가 찍고 연준이 국채를 사기 위해 달러를 찍어내면 달러 가치는 하락한다. 시중 통화량이 늘어나기 때문이다.

중국과 일본 같은 나라가 미국과의 교역으로 벌어들인 달러로 국채를 사주면 달러는 약해질 이유가 없다. 달러 가치가 약하다면 미국은 금리를 높이려고 할 것이다. 금리를 높여서라도 상품을 팔아야 하기 때문이다. 그러나 미국 국채 금리가 낮아지고 있다는 건 경기 상황이 좋아서 미국 국채를 원하는 사람이 많다는 뜻이다. 미국 달러가 강한 상태인 것이다.

코로나 팬데믹 상황에도 양적완화로 인해 달러의 양은 늘어나고 있다. 2021년에도 양적완화는 계속될 조짐이다. 이제부터 달러를 더 찍어내고도 안전하려면 미국은 중국만큼 교역량 규모가 큰 경제권을 찾아야 한다. 인도와 동남아시아 경제권이 물망에 오르고 있지만 아직은 달러 경제권이라고 부르기에는 규모가 크지 않고 성장은 미미하다.

인도는 인구 13억 8천만 명으로 중국 다음으로 많다. 잠재력 있는 큰 시장이라고는 하지만 카스트제도 등의 사회 시스템이 걸림돌이 되고 있고 금융 시장 개방도 되어 있지 않다. 외국인들이 들어와서 설비투자를 활발하게 하는 상황도 아니다. 동남아시아도 6억 2천만 명의 인구로 이 지역을 아세안ASEAN이라는 하나의 공동체로 본다면 세계 일곱 번째로 큰 경제다.

이 두 곳이 달러를 받아낼 수 있는 경제권으로 성장한다면 지금의 달러 가치는 하방 압력을 받지 않게 된다. 결국 기축통화라는 건 얼마나 많은 사람들이 이 화폐를 원하느냐의 문제이고, 두 지역과 아프리카 경제권까지 달러를 쓸 수 있게 만들 수 있다면 현재의 달러 총량은 아직도 부족할 수 있다. 경제활동의 양과 화폐의 양이 같으면 문제없기 때문이다.

그런데 인도 경제권, 동남아 경제권을 성장시키면서 달러도 서서히 늘리면 되는데, 코로나 팬데믹으로 돈만 먼저 풀게 됐다. 그만큼 인도와 동남아시아가 빨리 성장할 수 있을지는 장담할 수 없다.

미국이 산유국 1위가 된다는 것의 의미
◇◇◇◇◇◇

미국 달러의 가치를 유지하는 방법에는 또 한 가지가 있다. 교역을 통해 미국에서 나간 달러를 다시 회수하면 된다. 그러면 달러의 희소가치를 확보하면서 통화량을 조절할 수 있다. 미국이 무언가 물건을 팔고 달러를 다시 받아와서 소각시키거나 미국 안에서 잠재우면 달러의 가치는 다시 올라갈 수 있다. 이 대목에서 우리가 꼭 알아야 하는 것이 원유다.

원유는 달러로 거래되기 때문에 원유가는 이래저래 달러의 가치에 영향을 준다. OPEC(석유수출국기구)이 감산 정책으로 원유 가격을 인상시켰던 1970년대 오일 쇼크 때 우리는 달러의 가치가 떨어지면 원유 가격이 오른다고 배웠다. 원유를 확보하기 위해서 미국이 달러를 찍어내면 원유의 가치는 올라가고 달러의 가치는 떨어지는 것이다.

미국은 세계에서 원유를 가장 많이 쓰는 국가다. 그런데 2018년부터는 세계 최대 산유국인 러시아와 사우디아라비아를 제치고 미국이 세계 1위의 산유국이 되었다. 이제 미국은 소비와 생산을 모두 할 수 있는 이러한 상황을 역이용할 수 있는 무기를 가지게 된 것이다.

최근 남중국해에 긴장감이 생기는 것은 이곳이 원유가 중국으로 들어가는 해상 루트이기 때문이다. 이곳이 막히면 중국에 원유 수급이 안 된다. 남중국해는 중국, 인도차이나반도, 보르네오섬, 필리핀으로 둘러싸인 바다로, 세계 물동량의 50% 이상이 옮겨지는 가장 붐비는 해로 중 하나다. 석유와 천연가스 매장량도 상당하다고 알려져 있다. 이곳의 영해 분쟁에 미국이 관여하는 것은 유가를 조절하는 방법의 일환이 된다.

2020년 11월 이란의 핵과학자 암살 직후 트럼프의 유대인 사위이자 백악관 선임보조관인 쿠슈너는 사우디아라비아, 카타르를 방문했다. 8월부터 그는 이스라엘과 바레인, 아랍에미리트, 수단의 관계 정상화를 위해 특사 역할을 해왔다. 이런 뉴스가 중동에 평화를 가져오는 긴장 완화라고 말하는 언론도 있지만, 경제적으로는 이것을 액면 그대로 받아들이면 곤란하다. 우리는 뉴스를 볼 때 자기 주관을 가지고 제대로 판단해야 한다.

사우디아라비아나 아랍에미리트가 이스라엘과 국가적 수교를 맺으면 중동 지역 내에서는 분쟁이 생길 가능성이 높다. 이란과 사우디아라비아는 친미냐, 반미냐가 다를 뿐 중동 안에서 정서적으로는 친밀하다. 북한과 남한이 이념적으로는 싸우지만 정서적으로는 높은 친밀감을 가지는 것과 같다. 이들 사이에서 감정이 틀어지면서 오히려 분쟁을 불러올 수 있다. 이란 대통령은 바이든에게 핵

무기 개발 억제와 경제 제재 완화를 내용으로 하는 2015년 이란 핵 합의에 복귀할 것을 촉구한 바 있다. 트럼프 행정부 출범 이전으로 돌아가자는 바람이다.

전 세계 원유 소비국 1위는 미국이지만 2위는 중국이다. 중국이 이란 원유를 많이 수입했는데, 미국이 중동 지역의 분쟁을 유도한다면 원유가 육로를 통해 나갈 수 있는 길까지 막히고 만다. 이것으로 미국은 중국을 압박하고 원유가를 조절할 수 있는 카드를 또하나 가지게 된다. 원유가는 상승하고 중국이 미국의 셰일오일을 소비할 수밖에 없도록 만드는 것이다. 이로써 중국이 가지고 있는 많은 양의 달러는 다시 미국으로 들어오게 된다. 그동안 달러가 약세였던 건 수입만 했기 때문이다.

바이든은 왜 친환경 정책을 펼까

◇◇◇◇◇

바이든은 청정에너지와 기후변화 대응 인프라에 4년 임기 동안 2조 달러를 쓸 계획이라고 한다. 저탄소 인프라 건설과 전기차 생산 촉진 등으로 일자리를 창출하고, 그린수소 연구개발을 통해 신재생 에너지로의 전환을 유도한다는 설명이다.

국내 증권 시장에서도 친환경·신재생 에너지 관련주가 상승세가 이어지면서, 갑자기 당장이라도 수소차·전기차가 다닐 것처럼 이야기되기도 했다. 그러나 현실은 다르다. 시스템과 인프라가 갖춰지는 것은 5년 10년이 걸릴 일이지 갑자기 뒤바뀌지는 못한다. 서울에도 수소충전소가 부족해서 여의도 국회의사당 수소충전소에서는 아직도 토요일에 1시간씩 줄 서서 충전한다.

바이든은 2021년 취임 첫날, 트럼프가 탈퇴했던 파리기후협약에 재가입했다. 그러나 당장 진행되는 것은 인프라 설비투자다. 공장을 짓고 땅을 파고 사람들을 취업시키는 그린뉴딜 정책 같은 것이다. 그렇다면 철도망에 화물차도 다녀야 하고, 배에도 원자재를 싣고 날라야 한다. 화물차도 화물선도 원유로 다닌다. 결국엔 친환경 에너지 설비투자를 위해서는 원유를 써야 한다는 얘기다. 그렇다면 원유 수요가 늘어나고 원유 가격은 슬금슬금 상승할 가능성이 있다.

근래에 한국, 유럽, 일본, 중국 등이 모두 친환경 정책을 외치면서 관련 주식들이 많이 올랐는데, 미국이 최대 원유 생산국이 되면서 모두 긴장하게 됐다. 미국이 원유를 생산하면서 OPEC 같은 원유 수급권을 가지게 됐기 때문에 미국을 견제할 수 있는 장치가 없어진 것이다.

어떤 국제 정세로 인해서 중동에서의 원유 수급이 안 되면 미국 달러 패권은 그야말로 막강해진다. 유로화의 출범도 사실 달러 패권을 약화시키기 위한 출발이었고, 위안화도 달러 패권을 벗어나기 위해 부단히 노력했던 움직임이 있다. 그런데 세계를 둘러싼 일련의 뉴스들을 보면 오히려 미국이 달러를 많이 찍어냈기 때문에 더욱 강성해질 기회를 얻은 결과로 흘러가고 있다. 당분간 미국의 달러는 절대 망할 일이 없어 보인다.

2

위안화는 기축통화가
될 수 있는가

IMF(국제통화기금)는 2016년부터 10월 1일부터 SDR(특별인출권)에 중국 위안화를 편입한다고 선언했다. 위안화는 미국 달러, 유로화, 영국 파운드, 일본 엔화에 이어 IMF의 다섯 번째 SDR 통화 역할을 하고 있다. SDR이란 IMF 회원국이 외환위기 등 위기에 처했을 때 담보 없이 외화를 인출할 수 있는 권리로, 일종의 마이너스 통장 같은 개념이다. 국제 준비통화인 달러와 금의 문제점을 보완하기 위해 채택한 보조적인 준비자산으로, 실제로 시장에 유통되는 화폐를 의미하는 것은 아니다. 국제 금융 시장에서 실제적인 국제 통화로 대접받으려면 갈 길은 멀다.

2014년 KDI 경제정보센터 자료에 따르면 위안화의 국제화 전망으로 2020년이면 엔화의 두 배가 되면서 유로화에 이은 제3의 국제 통화로 부상할 것이라고 예측하기도 했는데, 현실은 다르다.

GDP를 기준으로 하면 오래전에 일본을 제치로 세계 2위 자리에 올랐지만, SWIFT(국제은행간통신협회)에 따르면 2020년 4월 국제 지급거래에서 위안화 비중은 1.66%로 3.79%의 엔화를 뛰어넘기는커녕 1.79%의 캐나다달러보다 낮았다. 중국이 일대일로(一帶一路, 실크로드 경제벨트와 해상 실크로드) 정책을 통해 위안화 결제를 확대하려고 했지만 눈에 띄는 변화는 아직 미미하다는 뜻이다. 2018년 4월의 국제 지급거래를 살펴보면 위안화 비중은 1.66%로 2년 전과 후가 그대로다.

반면 미국 달러의 국제 지급거래 비중은 2018년 39.21%에서 2020년 43.37%로 높아졌다. 이것은 국제 금융 투자와 파생상품 거래 영역에서 달러가 쓰이고 있기 때문이다. 오늘날 금융 시장은 실물 상품의 무역 시장보다 훨씬 크다. 그런 면에서 중국이 추진하는 디지털 위안화CBDC는 다분히 위안화의 국제화를 노린 시도라고 할 수 있다.

아프리카를 장악한 중국의 저가폰

◇◇◇◇◇

아프리카 스마트폰 시장의 49%를 점유하고 있는 중국 회사가 있다. 중국의 나스닥에 해당하는 커촹반에 상장했을 때 이 회사의 시가총액은 7조 7,600억 원에 달했다. 브랜드 이름은 '테크노Tecno'이며, 회사 이름은 트랜션Transsion이다. 이 회사는 중국에서는 단 한 대의 전화기도 판매하지 않으며, 12억 명 인구의 아프리카 시장에서 현지인에 특화된 전화기를 만들어 팔고 있다.

2000년대 중반부터 해외로 진출하기 시작한 중국 기업들은 아프리카 국가와 강력한 연대를 구축하고 있다. 그런데 그중에서도 트랜션은 화웨이나 샤오미와는 또 다른 경로를 택해 성공했다. 이 전화기의 카메라는 어두운 피부를 가진 사람들에 최적화시켜 더 많은 빛을 조정하기 때문에 셀카를 찍으면 사진이 더 예쁘게 나온다. 안정적인 전력 공급을 장담할 수 없는 지역이 많아 장시간 전화기를 충전하지 못하는 경우를 대비해 배터리는 대용량이며 열보호 기능도 포함돼 있다. 음악을 좋아하는 아프리카인들을 위해 특화된 모바일 음악 앱도 탑재했다.

무엇보다 가장 큰 특징은 가격이다. 9달러에 팔리는 스마트 기능이 없는 피처폰보다는 테크노가 비싸지만 다른 경쟁사보다는 싸다. 시장분석기관인 IDC에 의하면 삼성 스마트폰이 235달러라면 화웨이는 176달러, 트랜션은 96달러다. 이 회사는 아프리카 비즈니스지가 발간한 보고서에서 아프리카에서 가장 존경받는 브랜드 7위(2017~2018년)에 올랐을 정도로 영향력이 있다.

주목할 점은 이 회사는 이제 인도, 방글라데시, 파키스탄, 인도네시아, 베트남 등으로 진출을 꾀하고 있으며, 하드웨어 기기뿐 아니라 자체 음악 앱, 게임, 디지털 결제 서비스를 추가하고 있다는 것이다.

중국의 트랜션이 보유한 브랜드는 테크노, 아이텔iTel, 인피닉스infinix 등이다. 중동, 아프리카, 인도 등에서는 가격, 문맹, 인프라 부족 등의 이유로 스마트 기능이 없는 피처폰도 많이 팔린다. 이 시장까지 포함한다면 트랜션은 화웨이를 넘어설 정도다. 피처폰은 부가가치는 높지 않아도 스마트폰으로 넘어가기 직전의 예비 구매자에게 인지도를 높일 수 있다는 점에서 무시할 수 없다. 4G 통신이 되는 고성능 피처폰이 등장해 호응을 얻고 있다는 걸 보면 이 지역 시장의 특성을 무시하기는 어렵다.

플랫폼을 가진 IT기업이 무서운 이유

◇◇◇◇◇

우리나라 스마트폰에 카카오톡이 기본적으로 깔려 있는 것처럼 아프리카에서 팔리는 중국 스마트폰에 기본적으로 알리바바나 위챗이 탑재돼 있다면 어떨까. 아프리카인들은 위안화인지 아닌지 의식하지 않은 채 중국 폰 안에서 디지털 위안화를 쓰게 될 수도 있다. 국제 무역을 하는 회사나 정부가 아닌 개인이 위안화를 쓸 수도 있는 것이다.

아프리카 권역은 달러 패권이 미치지 못하는 곳이기 때문에 위안화 패권의 위성국으로 만들어나갈 수 있을 것이다. 고층 빌딩이 많아서 드론이 쓰이기에 적합하지 않은 우리나라와 달리 아프리카는 드론이 날기에 적합하다. 중국은 드론 산업도 육성하고 있는데, 물류센터만 미리 지어놓으면 다른 인프라 설비 없이 전자상거래도 쉽게 할 수 있다. 오프라인에서는 중국이 힘을 쓰지 못하고 있지만, 모바일 세상에서라면 미국과 중국 간의 디지털화폐 전쟁은 해볼 만한 싸움이 될 수도 있다.

그런 면에서 트럼프 입장에서는 틱톡을 운영하는 바이트댄스 같은 중국의 IT기업들이 당연히 눈엣가시였을 것이다. 트럼프는 "공산당에 미국 이용자 1억 명의 정보를 넘긴다"라는 발언과 함께 바이트댄스에 행정명령을 내린 바 있다. 이후 틱톡은 미국 사업부문을 분리해 '틱톡 글로벌'로 분사하고 일부 지분을 오라클과 월마트에 넘기기로 했다.

만약의 경우 틱톡에 중국의 전자상거래 플랫폼을 연결해 이걸 보면서 물건을 살 수 있게 한다면 무서운 파급력을 가질 수 있다. 틱톡 가입자들이 자기도 모르게 자국 통화를 디지털 위안화로 변환해 구매할 수도 있다. 오히려 미국인들이 디지털 위안화를 쓰면서 위안화의 힘을 높여줄 수도 있는 것이다.

우리나라에서도 15초 영상을 올리는 틱톡이 초등학교 저학년생들까지 가입을 받는 바람에 문제가 되었다. 부모의 동의도 받지 않은 상태에서 어린아이들의 개인정보가 이미 무분별하게 중국으로 넘어가 있다며 우려하는 사람이 많다. 2020년 7월 방송통신위원회는 초등학생의 개인정보를 무단 수집하고 국내 이용자의 정보를 고지 없이 해외로 이전한 틱톡에 과징금과 시정조치를 내렸다. 그들은 2017년 5월 31일부터 2019년 12월 6일까지 틱톡에 가입한 만 14세 미만 아동의 개인정보를 최소 6,007건 이상 수집했다고 밝혔지만, 이 수치는 틱톡 자체 조사 결과이고 실제 수치는 알 수 없다. 게다가 틱톡은 미국 연방 통신위원회에서도 부모 동의 없는 아동 개인정보 수집으로 벌금을 받았고, 네덜란드에서도 문제가 되었다.

틱톡의 국내 이용자 개인정보 전체는 알리바바 클라우드에 위탁돼 있는 상태다. 틱톡에 알리바바 계열의 전자상거래 플랫폼을 연결해서 물건을 사게 하면 그저 편리해서 썼을 뿐인데 우리나라 국민들은 자기도 모르게 위안화를 쓰게 될 수 있다.

디지털화폐 전쟁은 중국이 미국 달러가 강한 오프라인을 버리고 온라인 시장에서 점점 시장을 잠식한다는 걸 의미한다. 트럼프는 중국 IT기업들의 견제가 당연히 필요했을 것이고, 그래서 2020년 틱톡을 매각하지 않으면 미국 내 사용을 금지한다는 행정명령에 서명하기도 했다.

3

중국 정부는 왜
디지털화폐를 만들었을까

글로벌 경제에서 한국이 경제 성장을 하던 시대까지는 종이화폐 중심의 신용화폐제였다. 은행 통장을 쓰는 지금의 금융 시스템이다. 블록체인 암호화폐를 4차 산업혁명의 금융 시스템이라고 말하기도 하는데, 여기에는 왜 '혁명'이라는 말이 들어갔는지 생각해 봐야 한다. 전산망을 구축할 필요 없이 인터넷망만 있으면 모바일 금융 인프라는 그것으로 끝이다. 인프라가 부족한 아프리카나 인도에 군이 은행 시스템이 들어갈 필요가 없다. 결제를 위해 군이 사람이 들어가서 일할 필요도 없다. 우리는 지금 거대한 트렌드가 바뀌는 경계선에 있으며, 새로운 디지털 세상으로 다가가고 있다는 것을 자각해야 한다.

　미국은 달러의 약세나 화폐의 타락을 막기 위해 미국 달러를 쓰는 권역을 더 늘리려고 할 것이고, 그 배경이 되어줄 IT기업을 성장시키려 할 것이다. 미국이 가지고 있는 플랫폼 안에서 달러 기반의 결제가 이뤄진다면 한국이나 중국, 유럽의 일반인들까지 달러를 쓰게 되고, 결국 연준은 계속해서 달러를 찍어내도 되는 안전한 상황을 만들 수 있다.

중국도 이 주도권 싸움에서 밀리지 않기 위해 중앙은행이 발행하는 디지털화폐를 이미 만들어서 시범운영하고 있다. 은행 계좌의 무통장 입금이나 신용카드로는 결제가 안 되는 나라에 자국의 플랫폼이 들어갔을 때 유리한 고지를 선점하기 위해서다.

달러를 많이 가졌는데도 위험해진다?

◇◇◇◇◇

산업연구원의 자료에서 중국의 소비, 투자, 수출 중에서 GDP 성장기여율을 살펴보면 소비는 대체로 안정적이며 높고, 투자는 다소 낮으며, 수출은 변동성이 큰 것이 특징이다. 중국 경제는 제조업 중심의 수출 주도 성장을 해왔지만, 얼마 전부터는 내수 중심으로 전환하는 추세다.

2020년에도 중국이 코로나19 덕분에 돈을 많이 벌었다고 말하는 경우가 많은데, 따져보면 실상은 조금 다르다. 전년도와 비교하면 그렇지는 않다. 다른 나라에 비하면 비교적 빨리 안정세로 돌아서서 셧다운되었던 생산이 재개되었기 때문에 수출이 마이너스 성장에서 회복됐을 뿐이다. 경제 데이터를 제공하는 CEIC의 자료를 보면 2020년 7월 수출 증가율은 7.2%인 반면 소매판매 증가율은 −1.1%로 아직 마이너스다. 온라인 소매와 자동차 판매가 조금 늘

그림 20 중국의 주요 경제 지표

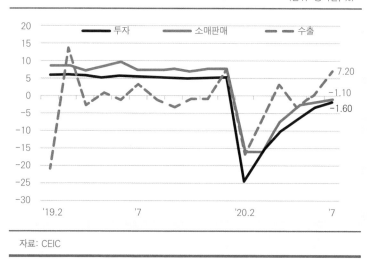

(단위: 증가율, %)

자료: CEIC

었을 뿐이다. 투자 증가율도 −1.6%까지 회복했지만 아직 마이너
스다.

중국은 내수 성장을 위해서 공장을 짓고 도로를 깔고 5G 통신망
을 설치하는 등의 인프라 설비투자를 지속해야 한다. 또 그 공장에
서 전기를 써야 하기 때문에 에너지 수급이 중요해진다. 그런데 코
로나19 책임론을 둘러싸고 호주와의 관계가 악화되어, 중국이 호
주산 보리, 와인에 고율 관세를 매기고 소고기와 석탄 수입을 중단
해 버렸다. 이 조치로 중국은 오히려 전력 부족에 시달리면서 승강
기가 멈추고 난방이 꺼지는 등의 문제를 겪고 있다.

이런 상황에서 만약 원유가가 오르고 미국에서만 원유를 살 수
있는 일이 벌어진다면 중국이 여태껏 벌어놓았던 외환을 다량 써
야 한다. 이제껏 중국의 강성을 말한 것은 외환 확보를 엄청나게

많이 했기 때문인데 지출이 커진다면 소용없는 일이 된다. 원유를 사기 위해 미국 달러로 결제하게 되면서 중국이 가지고 있는 엄청난 양의 미국 달러는 다시 미국으로 흘러 들어갈 것이다.

이런 상황에서 중국은 아무리 노력해도 국제 무역에서는 위안화의 영향력을 키우기가 어렵다는 걸 자각했을 것이고, 금융 시장 그것도 모바일 금융으로 눈을 돌릴 수밖에 없었을 것이다.

인민은행이 발행한 디지털 위안화

◇◇◇◇◇

중앙은행이 발행하는 디지털화폐, 약자로 CBDC가 이슈가 되고 있다. 중국 인민은행은 2017년 디지털화폐연구소를 설립하고 블록체인 기반 금전 거래 테스트를 성공했다. 2020년 4월에 디지털화폐를 처음 공개해 공무원들을 대상으로 테스트를 진행했고, 10월에는 선전시를 디지털 위안화 첫 공개 테스트베드testbed로 선정해 5만 명의 시민들을 대상으로 실생활 시범 운영을 진행했다.

테스트에 당첨된 시민이라면 전용 앱을 다운받고 자신이 거래하는 은행을 클릭하면 디지털 위안화를 받을 수 있다. 일종의 전자지갑이 형성되는 것이다. 그리고 선전시 뤄후구의 3,389개 오프라인 매장에서 알리페이나 위챗페이를 결제하듯이 현금처럼 디지털위안화를 사용하면 된다. 알리페이나 위챗페이와 다른 점은 은행계좌나 카드에서 돈이 빠져나가는 것이 아니라 중간 매개체 없이 전자지갑에서 바로 잔고가 나간다는 것이다. QR코드 스캔도 가능하지만 NFC(근거리 무선통신 기술) 기반의 결제 기능도 가능해서 인터넷 없이도 스마트폰끼리 살짝 부딪치면 돈을 주고받을 수 있다.

중국은 글로벌 무역 시장과 새로운 금융 시장에서 디지털 위안화를 무기로 사용할 작정으로 보인다. 페이팔 사례에서 살펴봤던 것처럼 달러 중심의 시스템SWIFT에서 국가 간의 송금 결제는 며칠이 걸리지만, 디지털 위안화 결제망은 몇 초면 된다. 따라서 이것이 국제 결제에서 서비스를 시작하면 기존 시스템은 엄청난 타격을 입을 것이 뻔하다. 그 속도 경쟁에서 대항마는 현재로선 암호화폐 리플XRP 정도밖에 없을 것이다.

중국 입장에서는 미중 무역전쟁 속에서 SWIFT(국제은행간통신협회)가 극단적으로 중국을 결제망에서 배제할 가능성도 있다는 걸 대비하는 의미도 있을 것이다. 그러나 또 다른 이점이 있다. 프로그램 원장 안에서 투명성이 보장되기 때문에 시스템 안팎에서 유통되는 돈을 훨씬 더 잘 파악하고 통제할 수 있다는 것이다.

우리가 보통 사용하는, 시중은행 통장 계좌에 숫자로 찍힌 돈은 레버리지를 일으킨 돈이다. 중앙은행이 직접 시중은행에 실어보낸 돈은 아니다. 만약 뱅크런이 일어난다면 통장 계좌에 찍힌 숫자만큼의 돈을 받는 게 보장되지 않는다. 종이돈 현금에는 일련번호가 있지만, 통장에 찍힌 숫자인 전자화폐는 일련번호가 없다. 부자들이 5만원권을 금고에 쟁여놓는 이유는 통장에 있는 숫자가 제로가 되더라도 쓸 수 있는 현금을 확보하기 위해서다. 그래서 디지털화폐 중에서도 중앙은행이 발행하는 디지털화폐CBDC는 중요한 이슈가 된다.

중앙정부가 디지털화폐를 발행한다는 것은 개인이 일련번호가 있는 돈을 중앙은행에서 직접 받게 된다는 것과 같다. 달라지는 점은 시중은행이 통장에 찍어준 전자화폐는 정확히 어디에 쓰였는지 알 수 없지만(이동 경로만 알 뿐이다), 중앙은행에서 직접 받은 돈은 자금 출처를 다 파악할 수 있게 된다.

아무도 가지 않은 길, 디지털 자산 시장

◇◇◇◇◇

중국에서 CBDC를 먼저 활용하기 시작하자, 각국의 경계심이 작동했다. 처음에는 캐나다, 영국, 일본, 유럽연합, 스웨덴, 스위스 등 6개 중앙은행이 CBDC 연구 그룹을 구성했다. 일본은 디지털화폐 검증 작업을 시작하겠다고 했고, 유럽중앙은행도 '디지털 유로'의 발행을 진지하게 고려하고 있다고 밝혔다. 디지털화폐에 회의적이었던 한국은행도 2020년 4월 보도자료를 내고 2021년까지 기술적, 법률적 필요사항을 사전에 검토하는 파일럿 테스트를 추진한다고 밝혔다.

그런데 2020년 10월 화상회의로 진행된 G20 재무장관·중앙은행 회의에서는 전 세계 중앙은행의 80%가 CBDC 연구를 진행하거나 논의 중이라고 했다. 특히 스웨덴 중앙은행 릭스방크의 'e-크로나' 프로젝트가 빠른 편이다. 분산원장기술 기반의 e-크로나 개발을 추진하고 있는데, 사용자들은 전자지갑에 e-크로나를 보유하고 있다가 모바일앱 등을 통해 지급, 입출금, 송금할 수 있도록 플랫폼을 개발한다고 한다. 연중무휴 24시간 실시간 P2P 지급이 가능하고 위조 복제가 불가능한 전자토큰으로 설계하며, 오프라인 이용도 검토하고 있다.

2002~2018년까지 인민은행 총재를 지낸 저우 샤오촨이 〈사우스차이나모닝포스트〉와 인터뷰한 것을 보면, 페이스북의 디엠(이전 이름 리브라)과 달리 디지털 위안화CBDC는 글로벌 법정화폐를 대체할 의도가 없다며 "국경 간 무역과 투자 혁신을 위해 고안된 것"이라고 말했다. 실시간 결제와 환전 기능으로 상호연결에 의미를 둔다는 것이다. 규제와 반발에 대비한 방어성 발언이지만 그의 말에서 '투자 혁신'이라는 표현을 되짚어봐야 한다.

CBDC로 온라인 쇼핑만 할 수 있는 것이 아니라 투자를 할 수 있다고 표현했다. 투자를 하려면 자산 시장이 있어야 하는데, 뭔가 투자가 가능한 대체재를 만든다는 의미가 된다. 지금의 디지털 자산 시장은 백지 상태와도 같다. 도화지만 준비되어 있을 뿐이다. CBDC로 주식 시장에 진출할 수는 없을 것이다. 아무도 만든 적이 없었던 시장을 만들어내야 한다. CBDC로 비트코인 시장을 열면 이게 바로 투자 혁신이 된다.

현재로서 디지털 자산 시장은 비트코인밖에 없다. 만약 비트코인 시장에서 CBDC를 사용할 수 있게 하면 사람들은 중국의 CBDC를 사려고 몰릴 수 있다. 디지털 자산 시장에서 기축통화에 밀리지 않는 지위를 가져갈 수도 있다. 비트코인 시장은 전 세계에 열려 있고, 많은 사람이 사려고 하면 그 통화는 세지기 때문이다. 그동안 비트코인을 부정하던 사람들이 간과했던 점이 바로 이것이다. "그래서 비트코인으로 뭘 살 수 있는데?"라는 식의 질문을 많이 하는데, 보이는 것만 말하면 오류가 생긴다. 비트코인은 디지털 자산 투자에서 쓰일 수 있는 금융 관점에서 바라봐야 할 화폐다. 전 세계 화폐가 물건 사는 데만 쓰이는 건 아니다. 금액으로 따지면 돈은 투자에 더 많이 쓰인다. 미국이 달러를 그렇게 풀어내도 나스닥이 계속 성장하는 이유가 여기에 있다.

2020년 10월 BIS(국제결제은행)와 미국 FRB(연방준비은행), ECB(유럽중앙은행), 영국은행 등 7개 중앙은행이 디지털 통화 CBDC에 대한 주요 요구사항을 설명하는 보고서를 발표했다. 이에 따르면 새로운 디지털화폐는 법정통화를 대체하는 것이 아니라 보충하는 것이며, 무료는 아니지만 저렴해야 하고 사용하기에 안전해야 하며, 민간 부문에 적절한 역할을 해야 한다. 또 거래를 확인하고 기록하는 데는 비트코인과 암호화폐에 쓰이는 블록체인 기술을 기반으로 한다. 현금 사용이 감소하는 국가에서는 통화에 대한 접근성을 개선할 수 있으며, 국경 간 지급을 촉진할 수 있다.

BIS 사무총장은 2019년 12월 미국 프린스턴대 연설에서 각국 중앙은행이 글로벌 결제 시스템의 중심을 지키려면 디지털화폐 혁명을 받아들여야 한다고 말한 바 있다. "그렇지 않으면 시대가 우리를 추월할 것"이라고 말하기도 했다. 같은 시기에 도이치은행이 내보낸 보고서에서는 1970년대 이후 급등하기 시작한 법정화폐 인플레이션을 지적하며 기존 화폐 시스템에 대한 사회적 반발이 높아지면 10년 내 법정화폐 기반이 붕괴될 수도 있다고 했다. 대체통화로 금, 암호화폐, 디지털 자산 등에 대한 수요가 늘어나는 건 필연적이라는 것이다.

4

비트코인은 달러를
넘을 수 있을까

예전에 비트코인이 달러의 기축통화 위치를 넘본다든가, 안전자산인 금을 비트코인이 대체할 것이라든가 하는 말들이 있었다. 결론부터 말하면, 그렇지 않다. 그보다 비트코인은 달러를 보완하는 존재다.

여러 국가에서 CBDC를 실생활에서 사용하게 되면 어디에 가장 많은 양이 쓰이게 될까? 2020년 10월 SWIFT가 주관하는 세미나에서 인민은행 부총재는 4월부터 8월까지 진행된 테스트에서 11억 위안(약 1,900억 원) 규모의 거래가 이루어졌고 6,700가지 이상의 사용 사례가 있었다고 했다. 공과금 납부, 기업의 어음 지불, 교통비 등에 거래가 성립되었다.

그러나 실제 CBDC가 사용된다면 이런 시범 운영에서 보였던 내수 시장의 소비보다 더 많은 양이 자산 투자 시장에서 쓰일 것이다. 한국이 경제 성장을 이루던 시대까지는 종이화폐를 쓰면서 통장 계좌를 사용하는 지금의 은행 시스템이 잘 돌아갔지만, 이미 세상은 변화하고 있다. 중국은 아마도 달러를 이길 생각이었다기보다 디지털화폐 전쟁에서 선점하면 2등이라도 할 수 있기 때문이 아니었을까. 미국이 CBDC를 만들게 되면 디지털 자산 시장에서 달러와 위안화가 양축을 이루는 형국이 나올 수도 있다.

미국 IT기업들이 달러를 지킨다

◇◇◇◇◇

미국의 CBDC가 나왔을 때 달러 힘을 보존해 줄 수 있는 것은 애플, 구글 같은 기업이다. 한편으로는 물건이나 서비스를 팔아 달러를 다시 벌어옴으로써 달러 가치를 높여줄 것이고, 한편으로는 주식 시가총액이 높아져 미국 자산 시장에 투자하는 외국인의 투자금액을 늘려줄 것이다.

2020년 코로나 극복을 위한 양적완화가 이뤄졌을 때도 미국은 소비를 위해 달러를 풀었지만, 자산 시장으로 흘러 들어가 주가가 많이 올랐고 외국인 투자자들까지 몰려들었다. 미국의 수입이 많아져 달러가 다른 나라로 나갔어도 미국의 자산 시장이 좋으면 그 달러는 다시 미국 쪽으로 돌아온다. 그렇게 달러 가치가 유지되는 것이다. 무역 거래만 보고 금융 거래를 보지 않으면 경제 전체를 볼 수가 없다.

다만, 주가 상승에 이어 기업들의 실적이 뒤따라주지 않으면 금융 경제는 위험해질 수 있다. 백신이 나오긴 했지만 코로나19를 단

숨에 종식시킬 수 있는 건 아니다. 이미 23만 5천 명의 미국인이 사망했고 2021년까지는 코로나19 확산 상황이 지속될 것이다. 지속적으로 너무나 많은 달러를 뿌려놓았는데, 아무리 나스닥 시장으로 빨려 들어간다고 해도 성장 없이 주가만 먼저 가 있는 상태가 오래간다면 투자자들이 어떻게 나올지는 모르는 일이다.

그런데 만약에 미국이 CBDC를 만들어서 비트코인 암호화폐를 은행에서 사고팔 수 있도록 시도한다면, 새로운 자산 시장으로 옮겨가기 위해 투자자들은 기꺼이 미국 달러인 CBDC를 소비할 것이다. CBDC는 달러와 가치가 연동되어 있어 달러 양만큼 발행할 수 있다.

코인마켓캡에 의하면 지금의 암호화폐 시장은 2020년 12월 28일 현재 전체 시가총액이 7,224억 달러인데, 나스닥 시장의 1위 기업인 애플의 시가총액 2조 달러에 비하면 한참 못 미치는 수준이다. 비트코인 암호화폐 시장이 지금보다 커져서 나스닥 시장에 버금가는 시장이 되고 그만한 달러를 담아낼 수 있는 그릇이 된다면, 사실 비트코인은 오히려 달러의 라이벌이 아니라 달러가 약해지는 상황을 보완하는 존재가 된다. 이렇게 되면 비트코인 때문에라도 달러는 당분간 약세가 올 수 없다.

달러와 가치가 연동되는 스테이블 코인

◇◇◇◇◇

코인마켓캡은 전 세계 시가총액 100위의 암호화폐 리스트를 보여준다. 2020년 12월 28일 현재 20위권의 암호화폐를 살펴보면 테더_{USDT}, USD코인_{USDC} 같은 스테이블 코인이 보인다. 3위 테더는 시가총액 207억 달러, 11위 USD코인은 시가총액 36억 달러이며, 이외에도 100위권에 트루USD_{TUSD}, 팍소스스탠더드_{PAX}, 테라USD_{UST} 등을 확인할 수 있다.

스테이블 코인은 가격 변동성이 큰 암호화폐 시장에서 안정적인 가치를 보장받아 안전하고 편리하게 거래하기 위해 등장했다. 법정화폐에 그 가치가 고정되어 있다는 뜻에서 스테이블 코인이라고 부른다. 달러 페깅_{pegging} 토큰이라는 말도 쓰는데, 가격을 못 박아 놓은 듯이 고정시켰다는 뜻이다(코인과 토큰의 개념에 대해서는 전작에서 설명했다).

우리나라 비트코인 투자자들이 생각하지 못하는 것이 있는데, 사실 스테이블 코인은 1달러에 고정한 것이기 때문에 갖고 있어봤자 투자수익을 낼 수 있는 것은 아니다. 그런데 왜 코인마켓캡에 스테이블 코인이 높은 순위에 올라와 있는 걸까. 투자 가치가 있는 코인이 아닌데 시가총액이 높아진다는 건 달러의 유입이 늘어났다는 걸 의미한다. 이미 많은 달러로 스테이블 코인을 샀다면 그 판매량만큼 달러가 시중에 유통되는 것이 아니라 자산 시장에 잠기면서 달러의 하락을 막아주는 안전핀 역할을 할 것이다. 스테이블 코인은 가격이 문제가 아니라 발행량, 시가총액을 봐야 한다.

비트코인 블록체인 기반으로 런칭해 지금은 이더리움, 이오스 플랫폼에서도 사용하는 '테더'를 예로 들어보자. 테더는 재단에서 법정화폐를 보유하고 있는 만큼 발행할 수 있다. 1달러가 관리 주체에 전송되면 1USDT를 발행한다. 반대로 1USDT를 시스템에 보내면 1달러를 받을 수 있다.

이런 식으로 테더 발행량이 늘어난다는 것은 곧 디지털 자산 시장에 달러가 풀리는 양이 많아진다는 걸 말한다. 누군가 스테이블 코인을 사기 위해 달러를 썼다면 달러는 이미 더 많이 쓰이는 화폐로서 강해진 것이다.

미국은 현재 CBDC가 실행 단계에 있지 않다. BIS와 함께 연구를 진행하고 있는 단계인데, 민간적으로 발행한 스테이블 코인이 미국의 달러를 흡수해 주고 있어서, 아직은 시가총액이 크지 않아도 그 금액이 점점 커지면 달러의 확장성이 더 생긴다.

중국이 무역 규모에서 미국을 넘어섰다고 하지만, 미국은 자산 시장을 가지고 달러의 가치를 조절할 수 있다. 인도 같은 시장에 굳이 가지 않아도 새로운 자산 시장을 열어놓고 거기에 달러가 유입되도록 만들어주고 규모를 키우면 된다.

5

월가는 왜
비트코인에 투자할까

바야흐로 제로 금리 시대다. 2008년 글로벌 금융위기로 미국은 금리를 제로 선으로 내렸다가 경제 지표가 나아졌다며 2015년 12월을 시작으로 서서히 다시 기준금리를 인상했다. 그러나 2020년의 코로나 팬데믹 여파로 미국은 경제성장률이 마이너스로 예상되는 가운데 기준금리를 2023년까지 0.00~0.25%로 동결한다고 밝혔다.

한편 유럽연합, 일본, 스위스, 스웨덴의 중앙은행이 실험한 마이너스 금리에 대해서도 관심이 높아지고 있다. 중앙은행들이 마이너스 금리까지 생각하게 된 것은 경제회복이 더디고 인플레이션이 목표보다 지속적으로 낮았기 때문이다. 우리나라 사람들은 언론의 영향 때문인지 인플레이션(물가 상승)이 발생한다고 하면 큰일나는 줄 아는 경향이 있는데, 경제가 성장하고 돈을 벌면 통화량이 늘어나 인플레이션은 자연스럽게 따라온다. 우리가 경계해야 할 것은 경제 성장 없이 물가만 오르는 것이다.

마이너스 금리가 되면 은행에 예금하거나 채권을 살 때 이자를 받는 것이 아니라 오히려 수수료를 내야 한다. 현금을 보관하고 금고 사용료를 내는 것과 같은 개념이 된다. 반면 은행에서 대출을 받으면 이자를 내는 것이 아니라 오히려 받는다. 2015년 세계 최초로 마이너스 금리를 도입한 스웨덴 중앙은행은 2019년 12월 기준금리를 −2.5%에서 0%로 인상했다. 제로 금리로의 복귀는 인플레이션 부양 효과는 제한적이었고 가계 부채가 급증한 데다 집값 상승도 문제가 됐다고 평가했기 때문이다.

모든 자산이 한꺼번에 오르진 않는다

◇◇◇◇◇

금융상품을 판매하는 사람들은 은행에 돈을 넣어두면 그 돈의 가치가 떨어진다고 말한다. 투자를 안 하면 자산이 점점 줄어든다는 것이다. 달러의 경우도 마찬가지다. 코로나 때문이든 다른 이유에서든 제로 금리 상황이라면 미국 국채를 사봐야 수익을 낼 수 없다. 달러 가치가 약해지는 만큼 이걸 헤징하기 위해서 어떤 다른 자산을 사야 된다.

실물자산인 금은 투자 시 보관비용이 발생하고 가지고 있어도 이자가 발생하지 않기 때문에 가치저장 수단이자 안전자산의 의미를 지닌다. 제로 금리 이후 달러가 갈 곳을 잃을 때마다 금은 상승세일 것이다. 그러다 달러의 양이 더 많아지면 투자할 곳은 더 필요해지고 주식, 부동산 등 또 다른 자산 시장을 살펴볼 것이다.

자산 시장은 마치 신분제 피라미드처럼 돼 있다. 경제 성장을 할 때 낙수 효과 이론이라는 것이 있는데, 이것과 유사한 설명이 가능하다. 상위 계층인 고소득자와 대기업의 부가 늘어나면 그것이 다양한 투자로 이어지고 중소기업과 소비자에게도 금전적 혜택이 돌아가며, 결국엔 저소득층에게도 일자리, 매출 등의 경제적 혜택이 돌아간다는 것이 '낙수 효과'다. 위에서부터 물을 떨어뜨리면 맨아래까지 물이 흐른다는 이론이다.

어떤 이유로 미국이 양적완화로 금리를 낮추면 시장에 돈이 풀려 유동성이 높아진다. 처음에 돈이 풀렸을 때 월가의 금융세력들은 가장 안전한 자산인 금에 투자한다. 그 다음 돈이 더 풀리면 금에만 투자할 수는 없으니 주식 시장에 투자한다. 그러고 나서 주식 투자로 수익이 나면 더 크기가 큰 자산인 부동산으로 투자금이 몰린다.

이 낙수 효과는 암호화폐 시장 안에서도 적용된다. 가장 먼저 비트코인이 오르고 다음엔 이더리움이 오르고 메이저 코인이 뒤따른다. 그리고 맨 마지막에 나머지 알트코인들이 오른다. 여기까지 가격 상승이 일어나면, 전 세계 자산 시장은 몇달 안에 거품이 빠지기 시작할 것이다. '잡알트'라고 부르는 알트코인들이 올랐다면 현명한 암호화폐 투자자들은 시장을 빠져나갈 준비를 시작한다.

부동산 붕괴는 외국인이 일으킨다

◇◇◇◇◇

반대로, 자산 붕괴는 어떤 방향으로 흐를까? 보통 사람들의 경우를 생각해 보자. 아파트, 삼성전자 주식, 현대차 제네시스, 명품 가방과 액세서리를 모두 가지고 있는데, 금융 시장에 거품이 빠지면서 아버지 사업이 망해버렸다. 그렇다면 무엇을 가장 먼저 팔게 될까? 가장 먼저 명품을 팔 것이다. 그래도 어려우면 자동차를 팔 것이고, 그 다음은 삼성전자 주식을 팔고, 집은 가장 나중에까지 가지고 있다가 팔려고 할 것이다.

자산의 붕괴는 버블이 생길 때와 다르게 아래(리스크자산)에서 위(안전자산)로 간다. 리스크자산인 비트코인 시장이 가장 먼저 붕괴되고 안전자산의 하락은 가장 나중에 발생한다. 이 붕괴의 흐름을 생각하고 있다면 빨리 조치를 취할 수 있을 것이다. 비트코인 책이 많이 팔리고 있다면 시장의 끝물인 건 아닌지 의심해 봐야 한다.

2020년 12월 30일 현재 암호화폐 시장에서 가격이 상승하는 요인은 기관투자가가 비트코인을 매수하기 때문이다. 아직까지는 메이저 코인의 가격 상승이 따라오지 않았기 때문에 2021년 암호화폐 시장의 상승 여력은 있다는 뜻이다. 그렇다면 마찬가지로 부동산 가격의 상승도 아직은 여력이 남아 있다.

우리나라 부동산 시장의 특징을 잠시 살펴보면, 부동산 버블이 빠진 적이 한 번도 없다. 잠깐 하락했다가 반등한 적은 있어도 외국의 부동산 시장처럼 거품이 꺼지듯이 가격이 빠진 적은 없다. 전 세계 부동산 시장의 붕괴 원인을 보면, 외국 자본이 들어와서 거품을 만들기 때문이다.

미국의 서브프라임 모기지론도 결국엔 외국 자본까지 들어와서 거품을 만들고 그 돈이 빠져나가자 붕괴된 것이다. 투자를 하다가 파생상품에 거품을 만들고 결국엔 과열된 시장에서 위험을 느낀 투자자본이 빠져나가면서 다 같이 붕괴된 것이다.

2015년 캐나다 밴쿠버에서는 중국인들이 밴쿠버 주택 거래액의 3분의 1에 해당하는 주택을 사들였고, 1년간 주택가격이 30% 넘게 폭등했다. 집값 폭등으로 외곽으로 밀려날 처지에 놓인 밴쿠버 시민들은 SNS에 해시태그 다는 운동을 벌이기도 했다. 급기야 주 정부가 외국인에게 15%의 취득세를 신설하고, 구매 후 살지 않으면 빈집세까지 매겼다.

영국 런던, 뉴질랜드 오클랜드에서도 비슷한 일이 있었다. 중국인 부동산 재벌이 런던 중심가의 알짜배기 부동산을 쓸어담고, 주거비를 감당하지 못해 템스강에 보트를 개조해 생활하는 사람까지 등장했다. 브렉시트 후에 영국 파운드화의 가치가 떨어지자 중국인이 보기에는 런던의 집값이 싸게 보였을 것이다. 뉴질랜드에서는 오클랜드의 평균 주택가격이 전년에 비해 85.5% 폭등했고, 비싼 임대료 때문에 집 대신 차고를 개조해서 생활하는 사람들이 생겨났다. 뉴질랜드 노동당은 오클랜드 전체 주택의 40%가 중국인 성씨를 가진 소유자라고 말하기도 했다.

그러면 우리나라에는 외국 자본이 들어와서 부동산을 건드린 적이 있을까? IMF 외환위기에 대형 빌딩들을 건드린 적은 있었지만, 일반인들이 살고 있는 아파트를 건드린 적은 없었다.

또 다른 투자상품이 필요하다

◇◇◇◇◇

2021년까지 여전히 유동성이 많은 시장 상황에서 월가는 어떤 투자 행보를 보일지 생각해 보자. 일반인들도 돈이 조금만 있으면 안전한 곳에 투자할 생각을 한다. 만일 200만 원의 보너스가 생겼다면 금 같은 안전한 자산에 우선 넣어둘 것이다. 그러다가 수입이 더 늘게 되었다면 이번에는 투자수익을 조금 더 기대하면서 주식에도 넣어볼 것이다. 그러다 주식 투자수익도 나고 어떤 이유에서 돈이 더 많이 생겼다면 이미 금과 주식 포트폴리오가 있으므로 이번에는 가장 위험한 자산인 비트코인에도 한번 넣어볼까 생각할 것이다. 월가의 투자 흐름도 이런 식으로 갈 것이다.

월가의 투자은행들은 여러 가지 금융상품을 만들어 판매한다. 처음엔 달러 가치 하락에 대한 헤징으로 투자를 할 테지만, 자산 시장에서 투자수익이 계속 나오려면 미국의 강한 유니콘 기업을 키우려고 노력할 것이다. FFANG, MAGA 다음으로 뜨고 있는 PULPS(핀터레스트, 우버, 리프트, 팔란티어, 슬랙) 같은 기업을 키울 수도 있을 것이다. 7조 원짜리 유니콘 기업이 나스닥에서 700조 원의 시가총액이 되면 그만큼의 달러를 담는 그릇이 되기 때문에 미국 입장에서는 좋을 것이다.

그리고 비트코인과 암호화폐를 가지고도 월가는 자신들이 할 수 있는 금융투자 기법으로 투자상품을 만들어낼 수 있을 것이다. 여기서도 새롭게 수수료를 받고 또 다른 수익을 창출할 수 있게 된다. 그렇게 지금의 자산 시장에 버금가는 시장이 태동한다면 디지털 자산이라는 새로운 패러다임이 실재하게 될 것이다.

코로나로 인해 언택트 수요가 많아지는 상황이 이러한 흐름을 앞당기고 있다. 인터넷 안에서 활동 범위를 넓혀나갈 수 있는 빠른 화폐에 대한 투자, 플랫폼에 대한 투자를 하기 위해 월가의 스마트 머니들이 이 시장으로 들어오고 있다.

주식 시장과 비트코인 시장은 동반 상승할까?

◇◇◇◇◇

자산 시장의 낙수 효과는 보통의 경우라면 몇 년에 걸쳐 서서히 진행된다. 글로벌 시장으로 보면 미국 주식이 먼저 오르고, 그 다음에 중국, 한국 같은 이머징 마켓 주식이 오르고 나머지 나라들이 오른다. 그런데 2020년 코로나 팬데믹으로 인한 유동성 변화에서는 좀 급격하고 다소 복잡한 변화를 볼 수 있었다. 처음에는 금 가격이 올랐지만, 바로 그 다음 주가가 오르고 마지막엔 비트코인도 같이 올랐다. 안전자산부터 시작해 가장 리스크 많은 자산까지 내려오는 낙수 효과가 동시다발적으로 발생한 것이다.

사람들은 미국 주식과 한국 주식, 금과 비트코인, 미국 부동산과 한국 부동산이 같이 간다고 생각했다. 코로나 지원금으로 전 세계적으로 돈이 너무나 풀리다 보니 유동성이 많아져 안전자산도 투자하고 리스크자산도 투자할 수 있는 자본이 생긴 것이다. 또 자본은 있는데 경제는 불안하다 보니 금 시장에도 돈을 넣고 비트코인 시장에도 돈을 넣은 것이다.

2020년 11월부터는 백신 이야기가 나오면서 양상이 조금씩 달라졌다. 금값은 나락으로 떨어지고 있는데 비트코인은 천천히 오

그림 21 금 차트

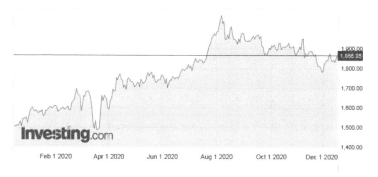

그림 22 은 차트

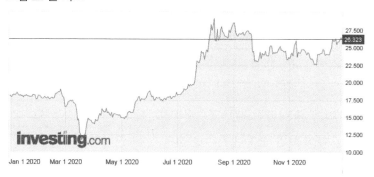

그림 23 비트코인 차트

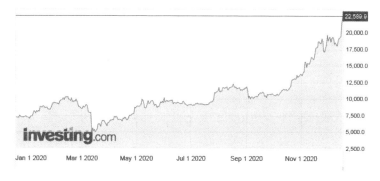

르다가 금보다 가파르게 오르는 것을 볼 수 있다. 코로나가 진정될 것이라는 기대감은 안전자산 금은 그만 투자하고 리스크자산 중에 한국 주식, 설비투자 주식, 비트코인 등에 투자가 몰린 것이다. 그러다 보니 금 차트가 비트코인과 달리 가는 것이다.

이럴 때 은의 가격과 비교해 보면 더 확실하게 파악할 수 있다. 전통적으로 금은 안전자산으로 간주되는 반면 은은 리스크자산으로 평가한다. 2020년 11월 이후의 금과 은과 비트코인 가격 추이를 비교해서 보면, 금은 상승이 주춤한 반면 은은 상승세를 타고 있고 비트코인은 급등했다.

물론 나중에 월가가 비트코인에 더욱 광범위하게 투자해서 비트코인 시가총액이 더 커지면 금처럼 될 수는 있을 것이다. 그러나 아직까지는 금과 비트코인을 같은 성격으로 봐서는 안 된다.

비트코인 투자는 전체 투자수익률을 높이기 위한 것도 있지만 미래를 대비한 장기 투자로서 꼭 해야 한다. 그러나 아직은 위험한 부분도 있고 주식과도 다른 점이 있다. 투자의 성질에 대해서는 알고 뛰어들어야 하는데, 맹목적으로 오르면 쏠렸다가 폭락하면 패닉에 빠지는 식이라면 투자라고 부를 수 있을지 모르겠다.

6

한국의 은행들은
왜 비트코인에 대비하는가

2020년 9월에 카카오뱅크가 기업공개(IPO)를 안 했는데도 장외 시장에서 우리나라 금융지주회사 4개를 합한 것보다 시가총액이 많을 때가 있었다. 한국거래소 자료에 따르면 9월 14일 종가 기준 KB금융지주, 신한금융지주, 하나금융지주, 우리금융지주 4개사를 합한 시가총액은 44조 4천억 원이었다. 반면 비상장주식인 카카오뱅크는 9월 12일 주가가 12만 4천 원으로, 시가총액은 45조 3천억 원에 가까웠다.

블록체인 때문이 아니어도 지금 시중 은행들은 카카오뱅크 때문에 엄청난 긴장감을 가지고 있다. 2017년 출범한 카카오뱅크는 1년 반 만에 손익분기점을 넘겼다. 2020년은 3분기 동안 순이익 406억 원을 기록했다. MAU라는 모바일 애플리케이션 활성화 정도를 가리키는 지표가 있는데, 월 1회 이상 접속한 이용자 수를 뜻한다. 카카오뱅크는 은행권 1위다(2020년 6월 말 기준).

　카카오뱅크는 처음부터 디지털화된 모바일 전문 은행이다. 저금리 시대에 예금은 점점 줄어들고 투자를 시작하는 연령대는 낮아지고 있다. 전 국민이 카카오톡을 이용하는데, 모바일 환경에 익숙한 젊은 사람들이 카카오뱅크 앱 안에서 증권 계좌를 만들고 펀드나 보험에 가입하면 카카오뱅크의 수수료 수익은 늘어난다. 시간이 더 흐르면 우리나라에서도 시중 은행을 한 번도 이용해 본 적 없고 그럴 필요성도 못 느끼는 고객층이 나올 것이다. 대출에서도 카카오뱅크는 다른 시중 은행과는 다른 수치를 보인다. 개인 신용대출이 약 80%를 차지하며, 나머지는 전세자금대출이다.

한국은행 CBDC 발행이 의미하는 것
◇◇◇◇◇

　한국은행은 2020년 3월부터 파일럿 시스템 구축을 포함한 CBDC 연구를 진행하고 있다. 국가별로 CBDC 발행을 적극 검토하는 이유는 크게 두 가지가 있다. 하나는 우루과이, 튀니지 등 금융 포용성이 낮은 국가의 경우 지급결제 인프라가 충분치 않은 상태에서 국민의 금융 서비스에 대한 접근성을 높이기 위해서 CBDC 발행을 검토한다. 또 하나는 스웨덴처럼 현금 이용이 크게 감소한 가운데 현금과 같은 공공재 성격의 지급 수단이 필요해졌기 때문이다.

　한국은행이 발간한 「중앙은행 디지털화폐」를 살펴보면, CBDC는 공급량 조절을 통해 민간의 구매력에 직접 영향을 미칠 수 있으므로 기존의 금리 조절, 양적완화 정책에 더해 새로운 정책 수단으로 활용될 가능성이 있다. 외환 부문에서는 금융 불안 시에 CBDC의 국제통화로의 전환이 보다 쉽기 때문에 국내 자본 시장과 외환 시장의 변동성 확대 요인으로 작용할 수 있다. CBDC 도입은 개인이나 기업에 조건 없이 계좌 서비스를 제공하면서 지급결제, 예금, 대출, 보험 등의 금융 서비스에 대한 금융포용의 정도를 높인다. 또 거래기록 추적이 가능해 불법자금, 지하경제 문제를 관리할 수 있다.

1985년 미국 경제학자 제임스 토빈이 중앙은행이 실물화폐 대신 민간에 예금계좌를 제공해야 한다고 처음 주장한 이래, CBDC 관련 논의가 최근 활발해진 이유는 크게 두 가지다. 분산원장기술 DLT의 발전과 비트코인으로 대표되는 암호화폐(암호자산)의 확산이다. 네덜란드, 덴마크 등의 선진국에서 블록체인 기술을 이용한 디지털화폐를 개발하고 있고, 브라질, 러시아 등에서도 개발이 진행 중이다. CBDC의 구현 방식은 분산원장 방식이 아닌 계좌 기반의 단일원장 방식도 가능하지만, 실행 가능성은 분산원장 방식의 소액결제용 CBDC가 더 가능성이 큰 것으로 보인다. CBDC는 현금처럼 지급과 결제가 동시에 완결되어 결제 처리를 위한 제3자의 개입이 불필요하다는 것이 가장 큰 매력이다. 분산원장 기술로 된 전자지갑으로 구현하면 정보의 위변조, 해킹 공격 등에도 안전하다.

한국은행은 2019년까지만 해도 우리나라의 경우 당장은 CBDC 발행 필요성이 없다고 했지만, 2020년 들어 그 분위기는 달라 보인다. CBDC 연구 2단계에 돌입하면서 파일럿 시스템 구축을 위한 외부 컨설팅 사업을 추진한다고 했다. 여기에는 삼성SDS, 네이버 라인, EY한영(블록체인 컨설팅 업체)이 컨소시엄으로 참여 의사를 밝혔다.

표 4 CBDC 파일럿 시스템 컨설팅 사업 범위

	암호화폐	중앙은행 디지털화폐 (CBDC)	일반 화폐
발행기관	민간	중앙은행	중앙은행
발행규모	사전에 결정	중앙은행 재량	중앙은행 재량
법률기반	현재 없음	중앙은행법	중앙은행법
화폐단위	독자 단위	법정화폐 단위	법정화폐 단위
교환가치	시장 수요공급에 따라	액면가 고정	액면가 고정
기반기술	블록체인 등	블록체인 등	제지, 인쇄술 등

출처: 코스콤

한국은행의 분위기가 바뀐 걸 감지했는지 시중 은행들도 다른 행보를 보이기 시작했다. 훗날 은행의 존립 자체가 위협받는 일이 없으리란 보장이 없다는 걸 감지했다고 봐야 할 것이다. KB국민은행은 합작법인 KODA를 통해 암호화폐 등 디지털 자산 수탁(커스터디) 시장에 처음으로 뛰어들었고, 법인 고객의 디지털 자산 수탁부터 시작할 계획이라고 했다. 국민은행이 특히 뉴스에 많이 나왔는데, 케이비닥KBDAC이라는 상표를 만들고 시장에 적극적인 움직임을 보이고 있다. 인터뷰 내용을 보면, 앞으로 보관 서비스는 물론 암호자산 대출, 거래 등을 지원할 수 있다고 한다. 여기서 우리가 눈여겨봐야 할 것은 '거래'다. 업비트나 빗썸처럼 은행도 거래소 사업을 할 수도 있다는 이야기다. 또 2021년에는 은행이 비트코인을 담보로 대출해 주는 상품이 등장할 수도 있다. 그런데 국내에선

법인이 암호화폐에 투자할 수 있는 길이 막혀 있는 상태다. KODA는 장외거래를 통한 비트코인의 매매, 회계, 세무 등을 처리해 주는 것으로 생각된다.

2021년 3월부터 시행되는 특금법(줄여서 특정금융정보법)에 대한 대비 차원도 될 것이다. 신한은행, NH농협은행, 하나은행 등 주요 은행사들이 모두 기존에 하던 신탁 업무에 디지털 자산을 포함할 것이라는 움직임을 보였다. 금융자산의 영역에 비트코인 암호화폐가 포함될 것이라는 뜻이다. 디지털 자산은 암호화폐는 물론이고, 게임 아이템, 디지털 운동화(전자종이로 만든 시프트웨어), 예술작품, 부동산 수익증권, CBDC 등으로 범위가 확장될 수도 있다.

저금리 시대, 은행도 새로운 상품이 필요하다
◇◇◇◇◇

우리나라 금융권은 미국의 투자은행 방식이 아니라 예대마진을 먹거나 중간거래 수수료로 수익을 낸다. 저금리가 계속되면서 금융상품의 이자율이 낮아진다는 것은 은행의 수익이 점점 없어진다는 걸 뜻한다. 2020년 금융지주회사들이 11월 이후로 주가를 회복한 것은 주식거래가 늘어나 수수료가 많아졌기 때문이라고 봐야한다. 이자율이 떨어지더라도 대출 총량을 늘리거나 돈을 빌려서 주식에 재투자하는 사람이 많아지면 금융지주회사들의 영업이익은 늘어난다. 암호화폐 서비스를 한다는 것은 큰 틀에서는 예대마진을 늘릴 수 있다는 뜻이다.

사모펀드 사기 사건인 옵티머스 펀드를 살펴보면 NH투자증권이 약 80%를 판매했고, 라임 펀드의 경우는 은행권에서는 우리은 행, 신한은행, 하나은행 등에서, 증권사에서는 신한금융투자, KB 증권, 대신증권 등에서 판매했다고 알려져 있다. 이자가 거의 없는 투자 상황에서 금융권도 안전한 투자처보다는 수익률이 조금이라 도 높은 곳을 찾다 보니 투기성 상품에 발목을 잡힌 것이다. 새로 운 상품을 찾아내야 생존할 수 있다는 점에서 그만큼 절박한 상황 인 것이다.

비트코인 암호화폐 시장은 은행들이 새로운 금융상품을 만들어 수익성을 다시 끌어올리는 재료가 될 수 있을 것이다. 은행이 비트 코인과 디지털 자산에 관심을 가지는 또 한 가지는 국경을 넘는 결 제 시장의 확대에 대비하는 것이다. 동남아시아에 진출한 우리나 라 기업들을 지원해서 간편결제 서비스에서도 경쟁력을 확보하려 할 것이다. 네이버, 카카오 등 빅테크 기업과 핀테크 기업에 밀려 날 위기에서 협력하거나 입지를 찾을 수도 있을 것이다.

한국은행은 제도권 편입은 아니라고 말했지만, 비트코인 암호화 폐 시장은 2021년부터 전 세계에 새로운 금융 시장으로서 지위를 인정받게 될 가능성이 크다.

6장

비트코인
현명하게 투자하기

1
비트코인은
암호화폐 기축이다

미국 경제의 힘은 달러에서 나온다는 말이 있다. 달러는 기축통화이기 때문에 실물경제와 금융 시장을 이끌고 있다. 급변하는 위기 상황에서 안전하게 자산을 운용할 수 있는 방법은 달러를 보유하는 것이다. 디지털 자산인 암호화폐 시장에서도 마찬가지다. 암호화폐 시장의 기축통화는 비트코인이다. 그 외 나머지 코인들은 '알트코인'이라는 이름으로 부른다. 글로벌 경제에서 미국 달러가 기축통화로 쓰이면서 무제한 통화 스와프로 연결된 유로화와 엔화가 보조적인 제2 기축통화로 쓰이는 것처럼, 암호화폐 시장에서 비트코인은 기축통화이며, 이더리움은 제2 기축통화로 인식된다.

2009년 1월 3일에 처음 발행된 비트코인은 중앙은행이나 금융기관이 개입하지 않고 개인 간P2P의 빠르고 안전한 거래를 위해 태어난 것이며, 정부나 중앙은행이 원하면 더 찍어낼 수 있는 기존

그림 24 이더리움 차트(2016년 이후)

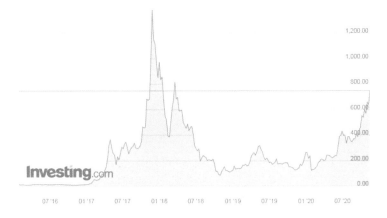

의 화폐와 달리 최대 발행량이 100년간 2,100만 개로 한정돼 있다. 또 이더리움은 오픈 소스인 비트코인을 기반으로 만든 가장 대표적인 알트코인으로, 2015년 7월 천재 프로그래머 비탈릭 부테린이 개발했다. 2020년 12월 31일 현재 750달러 선에서 거래되고 있으며, 시가총액 853억 달러로 비트코인에 이어 2위다. 2018년 1월에는 1,380달러 선까지 올랐던 적이 있다.

투자를 처음 시작한 사람들의 욕심

◇◇◇◇◇

부동산 투자에서 성공한 사람들은 주식 투자에도 성공하는 경우가 많다. 그 사람들은 수익을 5년, 10년 사이클로 보기 때문이다. 부동산을 사놓고 수익은 5년 후로 생각하고 느긋하게 기다린다. 주식 투자를 하는 사람이나 비트코인 투자를 하는 사람 중에 초보 투자자들은 상승장일 때 시장에 들어오는 경우가 참 많다. 가격 상승에 대해 뉴스가 많이 나오고 책도 많이 팔리고 있다면, 그때는 이미 어느 정도 가격이 올라 있는 상태일 것이다.

물론 이런 상승장에 들어오면 돈을 벌 수는 있다. 다만 너무 욕심을 부리면 안 된다. 다른 사람들이 이미 10배 수익을 얻었으니 자신도 10배 수익을 얻을 것이라고 생각하면 불행의 시작이 된다. 상승장에서 10배, 100배 수익을 얻었다는 사람들은 매수한 시점이 다르다. 가격이 낮을 때 이미 투자하고 있다가 상승장에서 매도하고 수익을 얻은 것이기 때문에 상승장에 들어온 투자자가 이들과 똑같은 목표를 잡으면 안 된다. 때에 따라 2배 또는 30%, 이런 식으로 목표를 낮게 잡고 만족해야 한다.

그런데 상승장에서는 많은 초보 투자자들이 더 상승할 것이라 꿈을 꾸면서 일명 '존버'를 한다. 그러고 나서 얼마 안 가 연준Fed에서 금리를 올릴 것이라는 언급이 나오거나 경기 규모 축소 같은 가격 하락을 일으킬 만한 분위기로 전환되면, 끝도 없이 추락하는 그래프를 보며 난리가 나는 것이다. 대출받은 돈만 아니라면 비트코인이 정식으로 제도권 안으로 들어갈 때까지 잊어버린다 생각하고 묻어둘 수 있을 것이다. 아니면 뒤늦게라도 분위기를 감지하고 빨리 발을 빼면 괜찮은데 대부분의 초보 투자자들은 그게 안 된다.

비트코인 등 암호화폐에 투자하면서 경제 뉴스도 안 보고 공부도 안 하려고 하는 사람이 유독 많다는 건 참으로 안타까운 일이다. 그런데 돈과 관련해서 경제와 연동이 안 되는 건 없다. 암호화폐는 새로운 자산 시장이라서 어떻게 공부해야 할지 가이드가 없어서 난감한 점도 있을 것이다. 반면 주식 투자를 하는 사람들은 경제 이해도가 높은 경우가 많다.

주식 투자에서는 축적된 데이터를 가지고 금리 등 경제 얘기를 한다. 그런데 내가 비트코인 암호화폐 투자 강의에서 금리 얘기를 꺼내자 처음엔 미친 소리라고 하는 사람도 있었다. 은행권에서 비트코인 관련 서비스를 할 것이라고 예측했다가 비트코인은 탈중앙화 화폐인데 무슨 헛소리냐고 욕도 먹었다. 페이스북 같은 IT기업이 블록체인 암호화폐를 개발하려고 뛰어들 것이라고 말했을 때도 마찬가지였다. 그렇지만 이 모든 것이 지금은 현실화됐다. 암호화폐 시장이 아직은 작기 때문에 정립된 정설이 있다고 보기 힘들다. 따라서 경제 공부를 많이 하면서 투자에 임해야 한다.

심리적으로 휩쓸리지 않는 분할 투자법

◇◇◇◇◇

미국 달러가 기축통화인 글로벌 금융 시장에서 미국 주식 시장과 한국 주식 시장은 여러 가지 경제 상황에 따라 주가가 오르내린다. 그동안 우리나라 기업의 영업이익이 한 해 잘 나왔다고 해서 주가가 무조건 상승세를 타는 건 아니었다. 미국 연준의 금리 정책, 일본의 양적완화 등이 더 많은 영향을 준다. 큰 정책의 물길이 바뀌면 아무리 은행의 비트코인 관련 서비스 등 호재가 있어도 흐름을 바꿀 수는 없다.

2021년 비트코인 투자는 흐름이 좋은 상태이긴 하지만, 2022년까지 연결되지 못하고 상황이 바뀔 수도 있다. 정책 방향을 살피면서 투자 방향을 잡아야 안전하다. 투자를 시작할 때는 큰돈을 넣어놓고 가격 변동에 따라 일희일비할 것이 아니라, 경제 상황을 살피면서 몇 번에 나눠 투자하는 것을 추천한다.

만약에 100만 원을 투자할 생각이라면 20만 원(20%)을 비트코인에 투자한다. 그러나 무턱대고 시장에 뛰어드는 것이 아니라 떨어지는 걸 보면서 매수에 들어가야 한다. 크게는 상승 추세라고 해도 조정장이 오기 때문에 가능하다.

금리 하락이 유지되면서 유동성이 좋다고 판단될 경우 가격이 조정을 받아 조금 내려갔을 때 20만 원(총 40%)을 더 써서 추가로 매수에 나선다. 그렇게 경제 공부를 하고 경제 상황을 보면서 또 20만 원만큼 더 매수한다(총 60%). 그리고 40만 원(40%)은 잠시 남겨놓는다.

그러다가 내가 샀던 60%보다 엄청난 하락이 오면 그때는 남은 40%를 다시 20만 원(20%)씩 나눠서 산다. 그게 아니라 만약 반등한다면 그대로 두면 된다. 공부를 하면서 알트코인이 오르고 있다면 그동안 눈여겨보던 코인에 40% 남겨놨던 나머지 금액을 투자할 수도 있다.

반대로 큰 추세에서 하락이면 비트코인 매수 시점으로 잡기에는 더 좋다. 가격이 떨어졌을 때 사고 올랐을 때 파는 건 투자의 기본이다.

금융 시장의 유동성이 좋은가?

◇◇◇◇◇

비트코인에는 대략 4년마다 반감기가 있다. 이때는 채굴량이 절반이 되면서 희소성이 부여되기 때문에 가격이 오른다는 기대감이 생긴다. 그런데 그와 동시에 살펴봐야 할 것이 미국 대통령 선거다. 미국 대통령 선거도 4년 주기이며 2021년 1월은 새로운 미국 대통령이 취임한 시기다.

주가가 떨어질 때 대통령이 재선에 성공한 적이 없다는 통계를 보면 미국 대통령으로 당선되는 제1 조건은 주가가 올라야 한다는 것이다. 주가가 올랐다는 건 금리 등의 통화 정책을 완화적으로 했다는 걸 의미한다. 실제로는 대선 직전보다는 새로운 미국 대통령이 임기를 시작하면 많이 올랐다. 임기를 막 시작했을 때가 대통령의 힘이 가장 막강할 때다. 취임 초기의 대통령은 대체로 1년 동안은 경기 부양책을 펴기 위해 금리를 낮춰주면서 양적완화를 많이 한다.

비트코인 반감기 다음 연도는 항상 미국 대통령 선거 후 임기가 시작되는 해였다. 따라서 비트코인은 물론 전체 자산 시장에 유동성이 늘어나는 해가 된다. 특히 미국에서 민주당이 당선됐을 때 미국 주식 상승률이 대단히 높다. 직접적으로 금리를 낮춰서 시장의 통화량을 조정하는 것보다는 인프라 설비투자를 많이 하기 때문이다. 일자리 창출이 늘어나고, 실물경제가 좋아질 것이라고 기대하게 된다. 근원적인 곳부터 가격 수요가 오를 수 있다고 판단해 시장 전체가 좋아지는 현상이 나오는 것이다. 2020년 대선에서도 민주당의 바이든이 공화당의 트럼프보다 부양책 규모가 셌고, 리스크투자를 결정하기도 어렵지 않았다. 이건 비트코인 옹호론자 입장에서도 같다.

바이든이 파리기후협약을 다시 재개하고 글로벌 경제를 다시 연동시킬 것이라고 해서 월가 투자자들은 예전처럼 다시 수출 수입이 잘 될 수 있는 상황을 기대했을 것이다. 주가는 올랐는데 다음 연도에도 미중 무역전쟁이 계속되어 수출이 안 되고 거품이 꺼지는 현상이 나올까 봐 공포감을 갖고 있었을 것이다.

바이든이 당선되면서 앞으로 주가는 더 올라갈 수 있는 준비를 갖췄다. 물론 비트코인 시장도 마찬가지다.

2

초보 투자자들이 많이 하는 질문과
비트코인 투자 성공 사례

1) 비트코인은 어떻게 얻을 수 있나요?

비트코인은 일종의 암호를 풀어 공증하는 과정인 '채굴'을 통해서 획득하거나 돈으로 사야 한다.

초기와 달리 지금의 채굴은 비트메인, 카나안 같은 대규모 채굴장을 운용하는 회사들이 다량 채굴을 하는 경우가 대부분이다. 또는 이들이 판매하는 채굴기를 통해서 비트코인을 채굴할 수 있다. 그러나 개인 채굴은 워낙에 많은 시설비와 관리 부지가 필요하기 때문에 쉽지 않다. 개인투자자들은 그래서 대부분 거래를 통해서 매입을 진행한다.

2) 비트코인은 언제 사야 하나요?

비트코인 투자를 원해서 이 책을 보고 있다면 비트코인은 2020

년 가격 상승을 거쳐 상당히 높은 금액을 형성하고 있을 것이다.

그러나 여전히 상승장이 대세라면 구매 시기는 맞다. 우리의 바람과 다르게 많은 사람들이 비트코인 시장에서 잘못된 매매를 한다. 가지고 있는 모든 자금으로 소위 말하는 '몰빵'을 하기 때문이다. 처음 투자를 진행하는 분이라면 일단은 적은 자금으로 매수를 진행하고 일주일, 길게는 한 달 이상 가격 추이를 보면서 지금이 상승장인지 하락장으로 전환하는 시기는 아닌지 큰 방향성을 반드시 체크해야 한다. 최초에 샀던 가격보다 낮은 가격이 올 때를 노린다면 손해 보는 일은 극히 적을 것이다.

3) 상승과 하락의 방향은 무얼 보고 알 수 있나요?

비트코인이 오르는 원인의 핵심은 양적완화다. 미국 연준이 양적완화를 지속하면서 달러의 약세가 유지되고 있는지를 봐야 상승이나 하락의 방향을 판단할 수 있다. 달러 인덱스가 90 초반이나 그 밑으로 내려간다면 비트코인은 아직 상승 여력이 있다. 그러나 만약 달러 인덱스가 100을 향해 간다면 위험하다.

또한 이머징 마켓의 동향을 보고도 판단할 수 있다. 한국, 베트남 등에서 주식 시장이 빠지기 시작하면 비트코인도 상당한 위험에 노출된다는 것을 알아야 한다. 비트코인 시장은 아직 초기 단계의 자산 시장이라서 이머징 마켓에서 자금이 빠져나가면 동조 현상을 보인다.

비트코인 시장 참여자들은 이런 점들을 보면서 대응한다면 좋은 포지션을 점유할 수 있다.

4) 2017년 비트코인 상승은 버블이 아니었나요?

이 질문은 언론사 인터뷰 요청에서 가장 많이 들었던 질문이다. 이에 대한 나의 대답은 항상 같다. 기관투자가 없는 버블은 버블이 아니라는 것이다. 역사적으로 버블이라고 부르는 것들이 있다. 1997년의 IMF 외환위기, 2008년 서브프라임 모기지 사태, 1990년 이후 일본의 잃어버린 30년, 이것들은 모두 금융을 주도하는 은행, 증권사, 보험사 등이 관련된 일들이다.

그러나 2017년의 비트코인은 개인투자자들의 마켓이었다. 이때의 상승장은 주로 중국, 한국의 개인투자자들이 일으킨 상승이었다. 글로벌 버블이라고 부를 수 있을 만큼의 시장 규모도 아니었을 뿐 아니라 기관투자도 없었다.

5) 비트코인 가격은 얼마까지 예상하나요?

비트코인 가격은 1차로 1억 원까지는 상승할 것으로 보고 있다. 바이든이 미국 대통령 당선 후 재무부장관으로 재닛 옐런을 지목했는데, 이것은 대규모 부양책과 시장의 유동성을 예고하는 것으로 전문가들은 받아들이고 있다. 최소한 2021년 상반기는 자금의 여력이 시장에 존재한다고 본다. 작은 시장의 부침은 있겠지만 우상향을 기록할 확률이 높다. 1억 원까지 상승한 이후의 방향성은 각국 정부가 얼마나 비트코인 시장을 받아들이느냐에 따라 달라질 것이라고 본다.

6) 비트코인, 이더리움 이외에 알트코인은 오르지 않나요?

비트코인이 상승한 후에는 알트코인이 반드시 올라간다. 그러나 시기의 문제가 있다. 2021년 3월 25일부터 일명 '특금법'이 시행된다. 이때부터는 잡코인이라고 불리는 여러 코인들이 사라지거나 거래소도 사라질 수가 있다.

이런 환경은 알트코인에 투자하기 상당히 껄끄러운 조건이다. 이런 이슈들이 사그라드는 시점을 기다렸다가 투자에 들어가는 것이 좋다. 어느 시점부터는 다시 2017년의 시장과 같은 시즌을 맞이할 것이다.

모든 자산 시장의 끝에는 가장 리크스가 큰 자산이 있다. 비트코인 시장 안에서도 위험자산에 해당하는 알트코인들이 있다. 결국 마지막에는 이러한 위험자산들이 오를 것이고, 비트코인이나 이더리움보다 훨씬 더 큰 상승률을 기록하게 될 것이다. 이러한 흐름이 지나가고 나면 우리는 비트코인 시장에서의 투자 비중을 줄이고 하락장에 대비해야 할 것이다.

7) 투자 성공 사례 ① _ 에이다

투자 사례를 언급하는 것은 늘 조심스러운 일이다. 투기를 조장하는 것으로 보일 수 있기 때문이다. 하지만 성공 투자의 간접체험을 원하는 독자들을 위해 몇 가지 소개한다.

나는 유튜브 방송을 하기 전에는 네이버 카페를 운영했고, 카페에는 활발히 글이 올라오곤 했다. 아직도 그 카페에서는 투자 성공 사례 글을 볼 수 있다.

에이다ADA라는 코인이 아직 한국 시장에 진입하기 전이었다. 정확히 2017년 추석 즈음으로 기억한다. 비트렉스라는 미국 거래소에 에이다가 상장되었는데, 분석해 보니 상당히 성장성이 있다고 판단됐다.

나는 에이다가 37원일 때 500만 원을 투자했고, 카페에도 추천했다. 그리고 이날 코인이 2배로 뛰는 바람에 많은 축하글과 감사글이 올라왔다. 그중 한 분은 바로 절반을 매도해 추석 선물로 아내에게 가방을 선물했다며 감사 인사를 전해오기도 했다.

문제는 그 뒤에 발생한 일들이었다. 급등 뒤에는 반드시 급락이 따라온다. 37원에서 60원 사이에 매수한 에이다는 결국 17원까지 하락했다. 카페에서는 '망한 거냐' '폭락해서 힘들다' 등 엄청난 글들이 달렸고 나는 일주일 정도 엄청나게 욕을 먹었다. 그러나 결국 2017년은 상승장 흐름이 이어졌고, 그 가격은 금방 회복했다. 오랫동안 저점을 높여가며 오르다가 결국 피날레는 1,990원까지 찍는 대세 상승이었다.

이후로 에이다는 2018년 대세 하락장을 맞아 30원까지 다시 추락했고, 현재는 가장 높은 상승률을 기록한 2020년을 마쳤다. 당시 재미있는 일들이 많았는데, 기억나는 분들이 몇 분 있다.

카페에서 활동하던 분들 중에 친구 두 명이 1억 원씩 투자한 분들이 있었다. 바로 그날로 2억 원이 되었지만 팔지 않았고 다시 투자금은 5,000만 원으로 반 토막이 되었다. 하지만 결국 투자금은 20억 원이 되었고 매도를 끝낸 뒤 만나서 저녁식사를 한 적이 있다. 이분들은 이민을 준비한다고 했는데, 실제로 이민을 갔는지는 모르겠다.

채굴장 투자와 ICO 사기로 몇천 만 원의 돈을 잃고 오프라인 강의에 참석했던 여자 분이 있었다. 이미 많은 돈을 손해 본 상태라 투자 여력이 없다고 했는데, 마지막에 나를 찾아온 날은 케이크를 들고 왔다. 8,000만 원 정도로 투자금을 불릴 수 있었고 원금을 회복했다며 감사 인사를 전했다. 그때 그분에게 수익 실현을 해서 결혼자금으로 쓰는 게 어떻겠냐고 농담 아닌 농담을 했는데, 수익 보존은 잘 되었는지 궁금하다.

내가 구매한 500만 원어치의 에이다는 5억 6천만 원까지 상승했다. 그러나 수익 실현을 하지 못했던 나 역시 2018년 대세 하락장을 겪었고, 다시 500만 원을 기록하는 우여곡절을 경험했다.

8) 투자 성공 사례 ② _ 지속적인 투자

언젠가 나를 찾아온 50대 여자 분이 있었다. 이분은 2015년부터 비트코인만 투자했는데 정말 존경스러운 투자를 진행한 분이다. 2017년 말까지 매도는 단 한 번밖에 없었는데, 아들이 결혼하게 되어 아파트를 구매하는 것이 매도 목적이었다.

이분의 투자 포인트는 돈이 생길 때마다 비트코인을 샀다는 것이다. 30만 원이 있으면 30만 원어치를 사고, 300만 원이 있으면 300만 원어치를 샀다. 그런데 2021년 현재의 비트코인 가격을 생각하면 아파트 한 채 값의 수익 실현을 할 수 있을 정도로 돈을 벌 수 있을까 의심이 들 것이다. 이분은 비트코인이 100만 원도 안 하던 시절의 구매 내역이 다수 있기 때문에 가능했다. 지금까지 누적 투자금은 1억 원 정도인데, 그 돈이 180억 원까지 오른 것을 확인했다. 내가 코인 시장에서 접했던 가장 큰 금액까지는 아니지만, 비트코인만으로 거둔 수익으로는 가장 크다.

이분이 존경스러운 것은 500만 원까지 떨어진 비트코인을 단 한 번도 매도하지 않고 오히려 1,000만 원 이하로 떨어졌을 때 2억 원의 과감한 비트코인 매수를 추가로 진행했다는 것이다. 지금 이분의 자산은 말할 수 없을 정도로 불어나 있다.

이분의 투자수익을 자랑하려고 하는 건 아니다. 주목해야 할 점은 이분의 투자 철학이다. 지속적인 장기 투자로 가져가는 이분의 태도는 반드시 살펴봐야 할 대목이다. 성장성을 판단한 후에는 꾸준히 매입하고 긴 시간 홀딩하는 전략은 워런 버핏의 투자를 닮아 있다. 이것이 결국은 승리하는 개인투자자의 가장 현실적인 성공 비결이다.

얼마 전 언론에서 삼성전자 주식 투자로 대박이 나서 이슈가 된 택시기사 분이 있다. 지금은 전원생활을 하고 있다고 하는데, 이분의 투자 방법도 역시 동일하다. 기나긴 시간을 인내하는 것만이 씨드가 작은 개미들이 기관투자자나 외국인 투자자를 이기는 유일한 방법일 것이다.

2021년이 돼서야 코인 시장을 노크하는 분들이라면 반드시 1년, 2년 안에 큰 부자가 되겠다는 환상은 버려야 한다. 최소 5년의 시간을 인내하며 꾸준히 매수에 나서고 관리하고 종목 선정을 해야 한다. 비트코인이 비싸면 이더리움, 펀더멘털 좋은 코인들을 알아보고 구매할 수 있도록 꾸준히 공부하고 관리해야 한다.

9) 투자 성공 사례 ③ _ 300만 원으로 200억 만들기

마지막으로 기억에 남는 투자자를 한 분 더 이야기하면, 연세가 지긋한 탓인지 거래소 이용도 잘 못 하시던 분이다. 그런데 이분을 기억하는 이유는 최고의 수익률 덕분일 듯싶다. 300만 원 정도 투자해 200억 원의 성공 신화를 만들었다.

처음에 지인의 권유로 투자를 진행했던 이분은 자신도 모르는 사이에 수익이 올랐다고 해서 확인해 보니 10억 원이 넘었다고 했다. 2017년의 폭등장에서는 200억 원까지 올라 내 강의를 듣는 오랜 회원분들에게는 유명한 분이다.

이분을 소개하는 이유는 바로 리스크를 감내한 투자 사례이기 때문이다. 대부분의 사람들은 만약 1억 원으로 비트코인을 매수했다면 엄청난 변동성 상황에서는 견디지 못하고 '손절'하거나 '익절'하려는 모습을 보인다. 그러나 대부분의 대박 성공 사례는 오랜 기간 투자했거나 자신의 인생에서 큰 영향을 주지 않는 선에서 투자했던 경우다.

40대 투자자를 기준으로 이야기하면 투자금이 200만~500만 원이라면 사실 매수매도를 하면서 그렇게까지 조바심을 느끼지 않는 금액이다. 투자한 사실조차 잊고 지낼 만큼 신경쓰지 않아도 되는 금액일 수도 있다. 그러나 큰 금액을 투자했을 경우에는 그럴 수가 없다. 매일 초조해하다가 일을 그르치기 쉽다. 대박은 집중 관리하지 않는 종목에서 나온다는 말이 있을 정도다. 내 자산 중에서 내가 리스크를 감내하는 양만큼 수익을 얻을 수 있다는 말이다.

이 사실은 우리에게 많은 시사점을 준다. 리스크가 큰 투자를 할 때는 절대 큰 금액에 승부를 걸지 말라는 것이다. 위험 투자는 0을 향해 갈 수도 있다. 오히려 반대로 200만 원이 200억 원이 될 수도 있다. 어차피 큰 투자금에서 큰 수익이 나는 것이 아니라면 리스크가 클수록 금액을 늘릴 필요가 없다는 것이다.

대세 상승장이었던 2017년에 투자 대박이 났던 사례들도 투자금은 거의 1,000만 원 아래에서 나왔다. 투자자가 리스크를 감내

할 수 있는 수준에서만 나왔다는 이야기다. 이 점을 잘 돌이켜본다면 이 책을 읽는 분들도 투자하는 큰 기쁨을 경험할 수 있으리라고 생각한다.

3

펀더멘털이 좋은
메이저 코인에 투자하라

처음 암호화폐 시장에 들어온 사람들이 실수하는 것이 있다. 암호화폐 시장은 전체 시장이 주식 시장보다 작아 기축인 비트코인의 지배력이 높다. 그러다 보니 비트코인 가격이 다른 코인에 비해 월등하게 높아 보일 것이다. 그래서 가격이 낮을 때 사서 높을 때 팔아야겠다는 생각으로 다른 코인에 먼저 손을 댄다. 그렇지만 초보 투자자들이 꼭 알아야 할 사실이 있다. 사실 비트코인은 1만 원 어치도 살 수 있다.

비트코인의 단위는 BTC로 표시하며, 소수점 8자리까지 표시할 수 있다. 그러니까 0.00000001BTC까지 표시할 수 있으며 이것을 1사토시라고 부른다. 만약 1BTC가 3천만 원이라면 3만 원으로도 투자가 가능하다. 0.001BTC를 살 수 있는 것이다. 이렇게 쪼개서 살 수 있다는 걸 잘 모르다 보니 시가총액이 작고 한 번에 10배씩 오를 수 있는 코인을 사려고 한다. 이게 나쁜 건 아니지만 위험 부담이 너무 크다.

비트코인에서 메이저 코인으로 갈아탈 때

◇◇◇◇◇

암호화폐 시장은 아직까지는 순차적으로 오르는 흐름이 있기 때문에 그것만 파악해도 투자에 성공할 수 있다. 바뀌는 흐름을 무시하고 무한정 '존버'만 안 한다면 수익 실현을 할 수 있다. 앞에서 낙수 효과가 자산 시장에도 적용된다고 했는데, 암호화폐 시장 안에서는 비트코인, 이더리움, 메이저 코인, 나머지 알트코인 순으로 순차적으로 가격이 오른다.

이 책을 보고 있는 순간에 아직도 비트코인만 오르고 있는 상황이라면 다른 알트코인을 저가에 매수할 수 있을 것이다. 그러나 이더리움과 메이저 코인에 우선적으로 투자하는 것이 안전하다. 투자에서 가장 힘든 건 자신이 투자한 코인만 가격이 떨어질 때다. 다른 코인들은 다 오르는데 자신이 산 코인만 떨어질 때는 그걸 견뎌내기 힘들다. 메이저 코인이 아닌 걸 건드렸다가 상대적 박탈감을 느끼는 사람을 그동안에도 많이 봤다.

전체 하락장에서 다 같이 가격이 떨어지는 건 대부분 잘 견딘다. 그런데 오를 때 나만 안 오르는 건 진짜 못 버틴다. 2020년 상승장은 기관이 비트코인을 투자하면서 상승한 것이다. 특징은 비트코인 외에는 투자하지 않았다는 것이었다. 그렇기 때문에 내가 산 코인은 안 오르고 비트코인만 계속 오른다. 비트코인이 먼저 오르고 있는 흐름일 때 알트코인만 사고 있으면서 '왜 내 건 안 오르지' 하며 마음 졸이면서 계속 손절매만 하게 된다. 그 흐름을 읽을 수 있으려면 경제 공부를 해야 한다. 그러면 어느 정도 비트코인이 과매수라는 생각이 들 때 알트코인이 오르기 시작하는 흐름을 볼 수 있을 것이다.

메이저 코인에서 알트코인으로 갈아탈 때
◇◇◇◇◇

암호화폐 투자를 처음 시작했는데, 아직 비트코인만 계속 오르고 있다면 비트코인과 메이저 코인 쪽으로 사면 된다. 코인마켓캡에 들어가면 전 세계 암호화폐 100위권 순위와 비트코인 지분율 Dominance을 확인할 수가 있다. 비트코인 지분율 50% 이상이면 비트코인으로 모든 알트코인을 살 수 있다는 뜻이다. 이 수치를 확인하면 메이저 코인으로 갈아탈 타이밍을 잡을 수 있다.

주식 시장에 펀더멘털이 좋은 우량주가 있듯이, 암호화폐 시장에도 메이저 코인이 있다. 대표적으로 이더리움이 있고, 일반적으로 리플, 라이트코인LTC, 비트코인캐시BCH까지 메이저 코인으로 꼽는다. 때로는 이더리움클래식ETC까지 메이저 코인으로 꼽기도 한다.

이밖에 펀더멘털이 좋은 플랫폼 코인을 주목하고 있다가 갈아탈 타이밍을 잡아도 좋다. 플랫폼 코인은 독립된 블록체인 네트워크를 소유한 경우로, 이전 세대의 단점을 개선하는 의미에서 등장한 코인들이 많다. 2021년 1월 1일 현재 코인마켓캡 50위권 코인 중에는 에이다ADA, 스텔라XLM, 이오스EOS, 넴XEM, 트론TRX, 코스모스ATOM, 네오NEO, 질리카ZIL, 아이오타MIOTA 등이 있다.

만약 메이저 코인 말고 알트코인이 2배, 4배씩 오르기 시작한다면 그때는 알트코인에 투자해도 된다. 여기까지 암호화폐 자산 시장의 흐름이 흘러왔다면 이제 끝물이 올 것을 준비해야 한다. 맨 마지막 알트코인까지 건드렸다면 그때는 자산 시장의 큰 하락에 대비해야 한다.

알트코인 투자에서 빠져나올 때

◇◇◇◇◇

암호화폐 투자를 시작했는데, 메이저 코인만 오르고 있다면 아직은 투자할 시간이 남아 있다는 뜻이다. 개인투자자가 아직 물밀듯이 들어오는 상황은 아닐 것이다. 폭락하기 시작할 때는 개인투자자가 따라붙는다. 2017년 말부터 2018년에 암호화폐 투자에서 큰 실패를 본 이유는 기관의 선도 없이 개인투자자들이 몰렸던 시장이었기 때문이다. 은행권도 투자하지 않았고 중국에서도 거래 금지를 했기 때문에 계속적으로 시장을 끌어올릴 수 없는 상황이었다. 개인투자자는 단기 투자가 많고, 대출받아서 하는 사람도 많아 장기적인 플랜을 세우지 못한다.

만약 알트코인에 투자해서 100배 수익을 얻었다는 소식이 들려오기 시작한다면 그때는 오히려 투자에서 손을 떼야 한다. 누군가 10배, 100배 벌었다는 코인이 초보 투자자인 나의 귀에까지 들려왔다면 한 달 정도 후에는 하락 사이클이 온다고 봐야 한다.

지금 막 암호화폐 시장에 들어왔는데 알트코인들이 상승하고 있다면 알트코인을 사도 수익을 볼 수는 있다. 하지만 수익 구간을 짧게 잡고 나와야 한다. 초보 투자자는 적은 종잣돈으로 얼른 1억 원을 만들고 그 다음부터 안전하게 투자하겠다고 생각한다. 그런데 그게 가능하려면 모든 코인이 다 오르는 불장Bull-Market이 되기 전에 매수가 끝났어야 한다.

기관이 들어와 있는 시장이라면 그들의 매도 시점을 파악할 필요도 있다. 기관들은 몇조 원씩 굴리는 사람들이다. 워런 버핏 같은 사람들은 하락장이 시작되기 전에 주식을 먼저 빼는 경향이 있다. 마치 예측이라도 한 것처럼 빠져나간다. 그런데 큰 자금을 굴리는 기업이나 단체들의 입장을 생각해 보면 이 현상을 이해할 수 있다. 그들이 1조 원을 하루에 다 매도해 버린다면 가격이 폭락해 자신이 원하는 가격에 팔지 못할 것이다. 따라서 예측한 하락 범위가 있을 때 1년 정도 길게 잡고 천천히 조금씩 매도한다. 그래야 시장이 그들의 분량을 다 받아줄 수 있다.

만일 애플이 2,400조 원의 주식을 오늘 모두 매도한다고 치자. 오늘 안에 애플에 2,400조 원을 주고 주식을 가져갈 사람을 만날 수 있을까? 이럴 때는 가격이 더 떨어질 것이라는 생각 때문에 돈이 있어도 바로 나서지 않는다. 물가가 떨어질 때 디플레이션이 오는 이유는 내일이면 더 떨어질 걸 기대하기 때문이다. 한 달 뒤에는 지금보다 떨어질 거로 생각해서 큰 금액일수록 안 산다. 게다가 그 정도 금액의 주식이 시장에 나왔다면 가격도 제대로 받지 못할 뿐더러 매물에 매물을 몰고 와서 자산이 반 토막 나는 현상을 몰고 온다.

시장에 기관이 들어오고 있다, 혹은 들어왔다는 얘기가 들리면 지금부터도 1년, 최소한 6개월은 암호화폐 시장이 성장기에 들 수 있는 걸 알 수 있다. 기관이 들어왔을 때와 개인투자자가 들어왔을 때는 포지션을 반대로 가져가야 된다. 기관이 빠져나가고 있는데, 가격이 잠깐 빠졌을 때 사라고 부추기는 사람이 있을 수도 있다. 이때 매수에 나섰다면 장기 하락선에서 계속 물고 내려가게 된다.

운인지 실력인지 반드시 구분하라

◇◇◇◇◇

비트코인 수급이 어느 정도 꽉 차면 메이저 코인이 오른다. 지금의 암호화폐 시장에서 알트코인이 오르는 건 개인투자자가 들어왔다는 판단 근거가 된다.

주식에서도 시가총액이 높은 삼성전자나 현대자동차에서 최고 수익률이 나올 수는 없다. 안전하기 때문에 사는 것이다. 그런데 큰돈을 벌겠다고 자꾸 코로나 진단키트 수혜주인 씨젠 같은 걸 찾아다니면 불행이 시작된다. 물론 잠시 성공할 수는 있다. 그런데 운이 아니라 자기 실력인 줄 알고 계속 그런 방법을 쫓아다니다가 결국 돈을 모두 잃어버리는 사람들이 많다.

만약 암호화폐 시장에 들어왔더니 시장도 활성화돼 있고 비트코인이 오르고 있는 상태라면, 아무것이나 사서 목표 수익을 얻을 때까지 기다렸다가 수익 실현을 하고 나오면 된다. 그런 면에서 불장은 오히려 쉽다.

불장일 때는 유튜브 방송에서 가장 많이 언급되는 것 중에 시가총액이 낮은 걸 하나 골라서 사면 다 오른다. 불장에서는 여론에 따라가기 때문이다. 그러나 시장이 가라앉았을 때는 여론을 따라가면 안 된다. 이것은 주식 시장일 때도 마찬가지다.

4

비트코인과 암호화폐로
인생이 바뀐 사람들

우리나라의 IMF 외환위기는 고정환율제도가 자유변동환율제도
로 이행되고 난 후에 발생한 일이다. 1995년 중반에서 1998년 초
까지 이루어진 엔화의 가치 하락은 동아시아의 많은 국가들에 금
융위기를 불러온 원인으로 꼽히기도 한다. 1997년 중반 태국이 고
정환율제도를 포기하면서 바트화의 가치가 폭락하고, 인도네시아,
필리핀, 말레이시아로 그 여파가 전달되었다. 11월에는 한국이 환
율 급등과 외화 유동성 부족에 직면했고, 급격하게 자본 유출이 발
생하는 어려움을 겪었다.

그런데 이 시절에 뜻밖의 환차익을 얻은 사람들이 있었다. 경제
적인 위기 때문에 미국으로 이민 가기 위해 집을 팔고 전 재산을
달러로 바꿔놓았던 한 가족이 달러 가치가 오르는 바람에 이민을
취소했다는 이야기가 들려오기도 했다. 1998년의 외환위기 당시

그림 25 국내 달러·원 환율

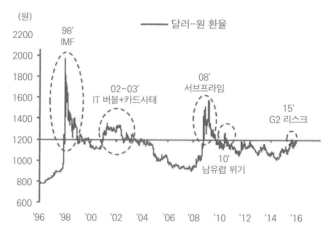

자료: Bloomberg, 하나금융투자

1달러당 1,000원 정도였던 환율이 한때 두 배까지 오르기도 해서
벌어진 일이다.

집 팔고 비트코인으로 세계여행 중에 대박!

◇◇◇◇◇

비트코인 급등세에 주목받고 있는 가족이 있다. 미국의 경제금
융 채널인 CNBC는 네덜란드인 디디 타히후투 씨와 부인, 세 자녀
에 대한 근황을 전했다. 이 가족은 2017년 초 가지고 있던 금붙이
와 장신구, 집 등 모든 재산을 팔아 비트코인을 샀고, 오로지 비트
코인 암호화폐 거래만 하면서 세계일주에 나섰다. 당시 900달러
(약 98만 원)였던 비트코인 가격은 2020년 12월 2만 달러(약 2,100

만 원)를 넘어섰다. 2017년에는 소액의 개인투자자들이 상승세를 주도했던 반면, 2020년의 상승장에는 기업, 억만장자, 기관들이 비트코인을 대량으로 사들이고 있다는 차이가 있다.

이 가족은 지금까지 유럽, 아시아, 오세아니아 등 40개국을 다녔으며, 비트코인으로만 거래했기 때문에 비트코인을 받지 않으면 물물교환을 하는 등의 방법을 동원했다고 한다. 예를 들면 국경을 넘을 때 비자 수수료를 비트코인으로 받지 않아서 차를 도로변에 세워놓고 비트코인을 현금으로 바꿔줄 의향이 있는 사람을 찾아냈다고 한다. 상대방 휴대전화에 비트코인 지갑을 깔아주고 현금 교환에 성공해 여행을 이어가는 식이었다.

이 가족에 따르면 지구상에 비트코인으로 거의 모든 것을 살 수 있는 지역이 두 곳 있는데, 슬로베니아의 수도 류블랴나Ljubljana와 이탈리아의 작은 마을 로베레토Rovereto다. 류블랴나에서는 자동차 수리, 영화관 입장료를 비트코인으로 결제했고, 로베리토에서는 오토바이도 사고 이발도 했으며 세금도 냈다고 한다. 한편 터키에서는 터키리라 가치가 떨어져 외환을 얻기 어려워졌고, 그래서 많은 사람들이 비트코인으로 전환해 사용하는 모습이었다고 한다.

이 가족이 비트코인을 매수한 시기는 2017년 초였는데, 2018년의 폭락장을 겪고 2019년 1월 3,400달러(약 380만원)까지 떨어졌던 시기를 기준으로 따져봐도 투자수익은 2배가 넘는다.

버블의 끝을 감지하지 못하면 벌어지는 일

◇◇◇◇◇

2017년에 처음으로 암호화폐에 뛰어들었던 투자자 중에 리플에 투자했다가 사자마자 폭락하는 바람에 장기간 자금이 묶여서 가슴 졸였던 사람이 많을 것이다. 내 강의를 듣는 회원 중에도 그런 분들이 많았다. 신나게 상승하던 코인이 내가 사기만 하면 하락을 거듭할 때 많은 사람들은 그야말로 패닉 상태가 된다. 그것이 바로 공부를 해야겠다고 마음먹게 되는 계기로 작용하기도 했다.

비트코인 시장에서 투자수익이란 어떤 때는 참 덧없다고 생각될 때가 많다. 그렇지만 대부분의 사람들은 얼마 투자해서 얼마의 수익을 내었는지에 대해서만 관심을 가진다. 어렵게 벌었던 과정은 관심 끄고 투자수익에 현혹돼서 잘 알아보지도 않고 무조건적으로 뛰어드는 사람도 많다. 그런 점들이 염려되어 나의 투자수익에 대해서는 잘 공개하지 않지만, 현실적으로 가장 공감할 수 있는 부분이라서 이야기해 보려고 한다.

그림 26은 내가 2017년 최고점에 물렸던 투자 포트폴리오 캡처 화면이다. 4년간의 투자를 이어오면서 오래 인내하고 고생했던 현실을 여실히 보여준다. 당시는 비트코인BTC 2천만 원 이상, 리플 XRP 4,550원, 비트코인캐시BCH 500만 원 하던 때다. 2017년 언론과 뉴스에서 연일 비트코인을 외치는 걸 보고 나는 멋모른 채 투자를 진행했다. 투자를 이어가면서 수익률이 -80%까지 찍었던 계좌이니 자랑은 아니다.

투자 전에 나는 그때 과거의 리플이 어느 가격에서 4,000원 부근까지 온 것임을 확인했어야 했다. 투자 광풍이 불던 시기에 나는

그림 26 2017년 투자 포트폴리오

급하게 투자한 것이었다. 주변에서 너도나도 돈을 벌었다고 하니 나 또한 급히 계좌 개설을 하게 되었고, 전형적인 고점 투자를 진행한 것이다.

나는 총 투자금 중에서 일부를 간보기 투자로 진행했다. 그런데 단 하루이틀 만에 투자수익이 20~30% 나왔고 나는 투자를 더 늘렸다. 이때가 사실 가장 위험한 경우다. 만약 처음 500만 원 정도 투자해서 마이너스가 났다면 투자를 멈추거나 과감한 투자는 하지 않게 된다. 우선 이것저것 알아보는 시간을 가질 것이다. 그런데 가장 위험한 투자 상황인 버블의 끝을 절묘하게(사실은 재수없게도) 만나 잠깐의 단맛을 보고 투자금을 늘려 거의 모든 자본을 집어넣었을 때 버블이 터진 것이다. 그것이 내가 투자손실 -80%까지 내려갔던 이유였다.

1천만 원을 투자해 10억 이상 번 회원의 사례도 있고, 나 역시 많이 벌었던 타이밍의 캡처 사진이 있는데, 굳이 왜 이런 걸 공개하느냐고 하는 분도 있을 것이다. 많이 번 순간을 공개해야 책도 잘 팔리고 광고 효과도 극대화하지 않겠냐는 것이다. 그렇지만 냉정한 머리로 무조건적인 환상은 피하기를 바라는 마음에 하락 직전의 포트폴리오를 공개하는 것이다. 예전에는 큰돈 번 계좌를 자랑이랍시고 보여주곤 했는데, 부질없음을 깨달았다. 수익 실현을 해서 손에 쥐지 않으면 어차피 찰나의 수익률은 사진으로만 존재할 뿐 의미가 없다.

게다가 이 계좌를 공개하는 것은 2021년에 투자에 뛰어들었다면 바로 여러분 중 상당수는 고점에 물리는 이런 상황을 만날 수 있기 때문이다. 다행히 나의 투자는 첫 단추를 잘못 끼웠지만 유종의 미를 거두었다. 나는 비트코인 암호화폐를 공부하면서 점점 더 믿음을 갖게 되었고, 하락장에서 코인 개수를 늘려가면서 평균 단가를 낮췄다. 이 점이 이 계좌의 핵심이고 그래서 너무나 자랑스러운 캡처본이다. 이걸 보며 지금도 다짐한다. 실수는 누구나 한다. 그러나 그 실수를 받아들이고 원인을 찾아내고 방법을 찾으면 성공으로 바꿀 수 있다. 불타는 상승장에서 1억으로 100억을 번 사례보다 더욱더 값진 캡처본이다. 한 투자자의 희로애락이 담겨 있기 때문이다.

주식도 마찬가지고 코인도 마찬가지다. 사람들은 단기 투자에서
는 결코 큰 수익률이 나올 수 없다는 사실을 간과한다. 단기 상승
장에서 누구나 나오는 수익률을 자기 실력이라고 믿는 건 크나큰
착각이다. 정말 인생 역전을 원한다면 최소 1년 길게 5년은 투자를
진행한다는 마음을 가져야 한다.

혹시라도 나의 캡처 사진을 보고 장기 투자가 의미하는 것을 깨
달았다면 여러분은 4년 안에 10배를 버는 것도 가능하다. 다만 계
좌 개설 후 투자할 때 써내려갈 희로애락은 온전히 자기 몫이니 신
중하기 바란다. 전문가의 몫도 선동하는 사람의 몫도 아니다. 자신
의 결말을 새드엔딩으로 써내려갈지 해피엔딩으로 써내려갈지는
본인의 책임이다. 여러분의 해피엔딩을 진심으로 바란다.

5

암호화폐로 안정적인
수익을 얻는 법

그동안 내 강의를 들었던 많은 회원들이 있었다. 처음에 암호화폐 시장에 뛰어든 사람들 중에는 모든 종잣돈을 끌어다가 한 번에 '몰빵'하는 식으로 투자했던 사람도 있었다. 그러면 한 번에 대박을 터뜨릴 수 있는 가능성은 있겠지만, 대부분은 그렇지 않았다. 상승장에서 더 욕심을 부리다가 결국은 곧바로 떨어지는 하락곡선을 만나곤 했다. 물론 몇 년을 묻어두겠다 생각하면 수익을 낼 수 있다. 그러나 대개는 심리전에서 이기지 못했다. 마음을 졸이다가 손절매하거나 수익을 거의 내지 못하는 경우를 많이 봤다.

요즘 같은 저금리 시대에는 마땅한 투자처 찾기가 하늘의 별따기다. 20~30% 이자를 얹어주던 1980년대가 아닌 1990년대 초만 해도 은행 예금 금리가 12~14%대였다. 2015년 이후로 지금까지 예금 이자가 1%대이다 보니 목돈을 마련하는 빠르고 안전한 방법이 마땅치가 않다. 현재를 소비하자며 욜로YOLO에 열광하는 젊은 사람들이 나타나기도 했지만, '욜로 좋아하다가 골로 간다'는 걸 깨달은 사람들은 허세과 객기를 버리고 주식이나 암호화폐 투자에 관심을 갖는 경우도 많았다.

암호화폐 투자에 뛰어든 20, 30대들 중에는 특히 열심히 사는 사람이 많다. 미래 사회에 관심을 갖고 공부하는 사람들도 많다. 그들 중 가장 안정적인 수익을 내는 경우는 적금이나 적립식 펀드처럼 투자하는 것이었다.

장기적으로 수익을 얻는 적립식 투자

◇◇◇◇◇

적립식 펀드는 목돈으로 투자하는 것이 아니고 은행의 적금처럼 적은 돈을 조금씩 여러 번 불입해서 맡기는 것이다. 정해진 특정한 날에 같은 금액을 불입할 수도 있고, 돈이 생길 때마다 불입할 수도 있다.

이처럼 적금 들듯이 매달 날짜를 정해놓고 일정 금액을 암호화폐에 투자했던 사람이 실패하는 경우는 보지 못했다. 어차피 적금을 들어도 돈이 불어나는 건 아니니 적금이나 적립식 펀드를 든다고 생각하고 투자하는 것이다. '매달 1일에 10만 원씩 비트코인에 투자한다'라는 식으로 날짜와 금액을 정해놓고 그 날짜마다 정해진 금액을 매수한다. 그러다가 한 달 안에서 추세가 하락이 아니라 상승이면 그날은 매수에 나서지 않는다. 대신 그 달 안에 며칠 보고 있다가 가격이 떨어지면서 조정이 오면 그때 매수한다.

이렇게 적립식으로 투자하는 사람들은 단기간의 가격 변동에 연연하지 않기 때문에 장기 투자로 가져가게 된다. 이런 분들은 투기적 이익을 기대하면서 대출받아 돈을 넣는 사람들이 아니다. '적금보다 이게 낫겠다' 싶어서 꾸준히 통장에다 넣는 식으로 투자하는 것이다. 당연히 욕심을 부리지 않기 때문에 투자 실패가 나오는 법은 좀처럼 없다. '3년 적금을 넣는다' '5년 적금을 넣는다'라고 생각하고 투자한다. 올해 안에 수익을 봐야 한다는 부담이 없어 가격이 떨어지더라도 흔들리지 않고 마음 편하게 투자를 계속한다. 그렇지 않고 욕심을 부리거나 대출받아서 투자하느라 이자 부담이 있는 사람은 마음을 졸이다가 손절매를 하고 만다.

매도해서 수익 실현을 하는 건 목표수익률을 정해놓고 타이밍을 잡기도 하고, 시장 상황을 봐서 한 번에 뺄 수도 있다. 그렇지 않으면 적금 만기를 정하듯 쓸 돈이 필요한 시기를 정해놓고 꼭 필요한 금액만 빼서 쓴다.

적립식으로 투자하면 좋은 점

◇◇◇◇◇

적금 들듯이 적립식으로 투자하면 현실적으로 몇 가지 이점이 있다. 첫째, 분할 매수로 리스크 관리가 된다. 거치식으로 한 번에 돈을 몰아넣는 것은 시험 공부로 치면 벼락치기와 같다고 말하는 사람도 있다. 영어와 수학은 꾸준히 30분~1시간씩 매일매일 공부하면서 몇 년간 장기적으로 쌓아가야 효과가 있는 것과 같다. 목돈을 단번에 투자했을 때는 대박 아니면 쪽박이 된다. 그러나 나누어서 여러 번 투자하면 혹시 손실이 나더라도 만회할 기회가 여러 번 오기 때문에 웬만해서는 실패할 일 없이 투자할 수 있다.

둘째, 적립식으로 투자하면 장기적인 시각을 가지고 투자하게 된다. 큰돈을 한 번에 투자하면 조금만 가격이 내려가도 안절부절하게 되고, 가격이 오를 때는 조금 더 기다릴지 지금 매도할지 고민하게 된다. 소문에 휘둘리거나 팔랑귀가 되는 경우를 보면 목표 없이 막연히 투자를 시작한 사람이 많다. 그러나 적은 금액으로 매달 꾸준히 투자하면 심리적으로 휘둘리지 않는다. 목표하는 구간을 잡고 적립식으로 장기 투자를 하면 가격이 상승할 때도 하락할 때도 스트레스 받지 않는다. 가격이 떨어지면 싸게 살 수 있어서 좋아하고, 가격이 올라서 매도했을 때는 이후에 더 가격이 오른다고 해도 기다리지 못한 걸 아까워하지 않는다.

셋째, 평균 매입단가가 내려간다. 특히 하락장에서 매수할 때 적립식 투자 방법은 진가를 발휘한다. 예를 들면 정혁(가명) 씨와 현빈(가명) 씨는 둘 다 2018년 1월 비트코인이 2천만 원까지 오르는 걸 보고 투자를 결심했다. 정혁 씨는 바로 다음 달 2월 1일에 0.5BTC를 사기 위해 550만 원을 투자했고(1BTC 1,100만 원대), 현빈 씨는 3년 적금을 든다고 생각하고 매달 1일 20만 원씩 비트코인에 투자하기로 했다. 2월에는 1,100만 원대 비트코인을 0.18BTC 샀고, 3월에는 700만 원대로 떨어져 0.028BTC를 샀다. 4월에는 1일에 1천만 원을 찍고 내려오는 걸 보다가 며칠 뒤 900만 원대에 0.022BTC를 샀다. 5월에는 800만 원대에 0.025BTC를 샀고, 6월에는 다시 700만 원대에 0.028BTC를 샀다. 그렇게 2020년 초까지 25개월간 총 500만 원을 투자했고 결국엔

0.733BTC를 보유하게 됐다. 한꺼번에 550만 원을 투자했던 정혁 씨보다 더 많은 양의 비트코인을 갖게 된 것이다. 평균 매입단가는 780만 원이었다.

표 5 적립식 투자의 예(약 2년간)

투자일	투자금액	1BTC 가격	매수량
2018. 2. 1	20만 원	1,100만원대	0.018BTC
2018. 3. 1	20만 원	700만원대	0.028BTC
2018. 4. 5	20만 원	900만원대	0.022BTC
2018. 5. 1	20만 원	800만원대	0.025BTC
2018. 6. 1	20만 원	700만원대	0.028BTC
2018. 7. 1	20만 원	800만원대	0.025BTC
2018. 8. 1	20만 원	700만원대	0.028BTC
2018. 9. 1	20만 원	700만원대	0.028BTC
2018. 10. 1	20만 원	700만원대	0.028BTC
2018. 11. 1	20만 원	400만원대	0.05BTC
2018. 12. 1	20만 원	400만원대	0.05BTC
2019. 1. 1	20만 원	300만원대	0.066BTC
2019. 2. 1	20만 원	400만원대	0.05BTC
2019. 3. 1	20만 원	400만원대	0.05BTC
2019. 4. 1	20만 원	600만원대	0.033BTC
2019. 5. 1	20만 원	1,000만원대	0.02BTC
2019. 6. 10	20만 원	1,200만원대	0.016BTC
2019. 7. 1	20만 원	1,100만원대	0.018BTC
2019. 8. 1	20만 원	1,100만원대	0.018BTC
2019. 9. 1	20만 원	900만원대	0.022BTC
2019. 10. 1	20만 원	1,000만원대	0.02BTC
2019. 11. 1	20만 원	800만원대	0.025BTC
2019. 12. 1	20만 원	800만원대	0.025BTC
2020. 1. 1	20만 원	1,000만원대	0.02BTC
2020. 2. 1	20만 원	1,000만원대	0.02BTC
TOTAL	500만 원		0.733BTC

살 때도 나눠서, 팔 때도 나눠서

◇◇◇◇◇

하락장에서 비트코인을 매수할 때 적립식 투자가 진가를 발휘한다면, 상승장에서 매도할 때도 역시 나눠서 팔면 수익률을 높일 수 있다.

정혁 씨는 1,100만 원대일 때 매수한 비트코인 가격이 2020년 11월 중반 이후로 2천만 원을 돌파하자 매도해서 수익 실현을 하기로 했다. 그동안 마음 졸여왔던 정혁 씨는 12월 6일 비트코인이 2,056만 원일 때 0.5BTC를 모두 팔았다. 550만 원의 투자금은 1,028만 원이 되어 있었다.

반면 현빈 씨는 정혁 씨와 마찬가지로 매도 시점을 2천만 원 돌파한 2020년 12월로 잡았지만, 이번 상승장에서도 역시 나눠서 매도하기로 했다. 12월 6일부터 세 번에 걸쳐 0.2BTC씩 나눠서 매도하기로 했고, 0.133BTC는 남겨두기로 했다. 현빈 씨는 비트코인 가격이 각각 2,056만 원, 2,618만 원, 2,938만 원일 때 0.2BTC씩 매도했다. 투자금 총액 500만 원의 투자금은 1,522만 원이 되어 있었다.

이렇게 비교해 보면 분할 투자가 리스크 면에서나 수익 실현 면에서 얼마나 유리한지 잘 알 수 있다.

표 6 분할매도의 예

매도일	1BTC 가격	매도량	매도금액
2020. 12. 6	20,560,000	0.2	4,112,000
2020. 12. 13	26,183,000	0.2	5,236,600
2020. 12. 20	29,385,000	0.2	5,877,000
TOTAL		0.6	15,225,600

6

하락장에서도
이기는 투자법

내가 강의할 때면 플라자합의에 관한 이야기를 많이 한다. 통화의 상대적 가치를 설명해 주는 단적인 예이기 때문이다. 달러 강세 문제를 해결하기 위해 1985년 플라자합의가 성사된 이후 일본의 엔화 가치는 계속해서 상승했다. 미국의 대일 적자 해소를 위한 조치였지만, 실제로 무역수지가 개선된 것은 몇 년이 지난 후부터였다.

상대적으로 달러는 약세가 되고 엔화는 강세가 되면서 일어난 현상은 버블이다. 이 버블은 해외 부동산에서 특히 두드러진다. 예를 들어 내가 10억 엔을 갖고 있는데, 하와이 비치호텔이 1천만 달러라고 해보자. 아무리 엔화 강세가 되더라도 내가 가지고 있는 10억 엔은 그대로 10억 엔이다. 그리고 하와이 비치호텔도 아무리 달러 가치가 내려가도 가격은 그대로 1천만 달러다. 그렇지만 환율을 계산해 봤더니 1985년에는 내가 가진 10억 엔을 달러로 바꾸면 500만 달러였는데, 1988년에는 교환 가치가 1천만 달러가 되었다. 그러면 나는 1985년에는 비치호텔을 살 수 없었지만 1988년에는 비치호텔을 살 수 있게 된다. 내가 가진 실제 재산은 딱히 늘지 않는데도 버블은 그렇게 작용한다. 일본의 화폐 가치가 세지면 일본 안에 있는 모든 자산의 가치는 세지고, 부동산 버블도 그렇게 시작된다.

반면 독일은 유로화 통합을 눈여겨봐야 한다. 비싼 마르크화가 유로화 통합을 통해 통화가치가 내려가는 효과를 톡톡히 누릴 수 있었다. 비싼 독일 차가 중국 시장에서도 잘 팔릴 수 있었던 이유는 독일의 통화가치가 내려가 중국인의 시각에서 비싸게 느껴지지 않은 것이다.

화폐의 상대적 가치에 익숙해져라

◇◇◇◇◇

암호화폐 시장 안에서도 통화의 상대적 가치 개념이 그대로 적용된다. 비트코인은 기축통화인 미국 달러, 이더리움은 준기축통화인 엔화, 나머지 알트코인들은 이머징 국가와 다른 국가들의 통화라고 생각하면 된다.

2017년에 비트코인이 100만 원일 때 샀던 A씨가 있고, 2018년에 비트코인이 1천만 원일 때 샀던 B씨가 있고, 2020년에 비트코인이 2천만 원일 때 샀던 C씨가 있다. 그래도 A씨와 B씨와 C씨가 현재 가지고 있는 비트코인은 모두 1BTC다. 원화로 환전하니 상대적인 가치와 수익 실현이 달라질 뿐이다.

법정통화에서 일본의 화폐 가치가 세지면 일본 땅에 있는 모든 자산의 상대적 가치는 세진다. 엔화가 달러 대비 두 배로 뛰면 달러로 환산했을 때 건물의 가치도 두 배가 된다. 엔화로는 그대로지만, 상대적인 가치가 두 배가 되는 것이다.

암호화폐에서도 기축을 알아야 한다. 엔화를 가지고 있으면 일본 땅 안에 있는 물건과 자산을 살 수 있듯이, 암호화폐 시장에서도 비트코인을 갖고 있으면 BTC마켓에 있는 코인을 살 수 있다. 한국 사람들은 원화마켓을 주로 이용해서 모르는 경우가 많지만, BTC마켓에서는 비트코인으로 시장 안에 있는 모든 알트코인들을 살 수 있다.

한국 암호화폐 거래소에는 원화마켓과 BTC마켓이 존재한다. 초보 투자자들은 암호화폐 투자 개념이 익숙하지 않아서 원화마켓을 주로 사용하지만, 고수들은 BTC마켓에서 거래한다. BTC마켓에서 알트코인을 샀을 때, 만약 비트코인이 오르면 BTC마켓에서 내가 샀던 모든 코인의 가격이 오른다. 반대로 내가 알트코인을 0.025BTC에 샀는데, 시간이 흐르고 비트코인과의 환전 비율에 따라서 0.024BTC가 돼 있을 수도 있다. 그런데 또 한 가지, 이렇게 사토시가 떨어졌는데도 법정화폐와의 상대적 가치에 따라서 비트코인 가격이 오르면 사토시의 가치는 올라갈 수도 있다. 내 코인의 가격이 0.025BTC에서 0.024BTC로 떨어졌는데도 비트코인 가격이 올랐으면 수익은 늘어나 있는 것이다.

이렇게 알트코인을 보유하고 있을 때는 비트코인 가격이 오르는지 내리는지 함께 봐야 내 코인의 진짜 가치를 알 수 있다. 이것은 BTC마켓에서만 쓸 수 있는 전략이다.

BTC마켓에서 거래해야 유리한 이유

◇◇◇◇◇

평소에 봐두었던 알트코인이 하락할지 상승할지 잘 모르겠다 싶을 때는, 일단 비트코인을 샀다가 BTC마켓에서 사고 싶은 알트코인으로 갈아탄다. 이것이 비트코인을 믿고 장기 투자를 하는 사람들의 투자법이다.

예를 들어 비트코인이 100만 원이고 A코인은 1천 원이다. 투자하려는 돈은 20만 원이고, 가격이 떨어질지 오를지 잘 모르겠다. 그래서 일단 비트코인을 20만 원 어치(0.2BTC) 사고, BTC마켓에서 다시 0.1BTC로 A코인 100개를 샀다. 그런데 이때 전체 하락장이 와서 비트코인이 30% 하락해서 70만 원이 됐고 A코인은 50% 떨어져서 500원이 됐다.

이런 상황이 오면 사람들은 법정화폐와 환산해서 생각하기 때문에 많이 흔들린다. 비트코인(0.1BTC)에서 3만 원이 줄어들고 알트코인에서 5만 원이 줄었다고 생각한다. 그런데 만약에 비트코인을 정말로 화폐로 생각한다면 손해 본 것은 없다. 여전히 비트코인 0.1개와 A코인 100개를 가지고 있는 것이기 때문이다.

이런 하락장에서 BTC마켓에서는 이득을 볼 수 있는 투자법이 있다. 화폐의 상대적 가치를 생각하면 된다. 내가 원하는 코인으로 갈아타서 코인의 개수를 늘리는 방법이다.

처음에 A코인은 10만 원(0.1BTC)으로 100개 살 수 있었다. 그런데 지금은 비트코인보다 알트코인 하락률이 더 크므로, 남아 있는 0.1BTC로 이제 A코인 200개를 살 수 있다. 또는 0.05BTC만 써도 A코인 100개를 살 수 있다. 원화 가치로 따지면 마치 자산이 적어진 것 같지만, 이렇게 해서 코인 개수를 늘리면 나중에 가격이 올랐을 때 수익을 더 늘릴 수 있다.

법정화폐 세상이 아닌 디지털 세상에 로그인했다고 생각하고, 암호화폐 자산 시장 안에서의 사고로 바꿔보자. 이 안의 세계에서 비트코인은 원화나 달러 가격이 떨어지든 올라가든 상관 없이 언제나 1BTC는 1BTC, 0.1BTC는 0.1BTC다. 그래서 0.1BTC를 다 쓰지 않아도 100개를 사고 돈이 남는다면 이득이다. 그래서 비트코인은 무조건 갖고 있어야 한다. 비트코인 없이 원화마켓에서 바로 알트코인을 사는 건 손해다.

무조건 비트코인을 먼저 사놓으면, 비트코인이 오르면 오르는 대로 좋은 것이고, 비트코인이 떨어졌어도 내가 사고 싶었던 코인을 싸게 사거나 더 살 수 있어서 좋다. 그러다가 상승장으로 전환되면 원화로 바로 샀다면 100개밖에 못 가졌겠지만, BTC마켓에서 150개 갖게 되어서 수익을 더 남길 수도 있다.

실물경제 세상에서도 똑같은 물건이지만 세일할 때 사면 이득이다. BTC마켓은 세일가로 구매하는 것이 가능한 곳이라고 생각하면 맞다. 내가 비트코인 투자 비율만 너무 높아서 분산투자하고 싶다면 이런 방식으로 과감히 바꿀 줄도 알아야 한다.

초보 투자자들은 원화마켓에서 거래하다가 비트코인보다 내가 산 코인이 더 떨어지면 놀라서 속상해하며 손절매를 하고 만다. 파격세일을 해주는데 할인쿠폰을 써먹지 못하고 오히려 던져버리는 것이다.

이상의 방법을 항상 구사할 수 있는 것은 아니다. 암호화폐 시장에서 비트코인이 이미 너무 많이 올라 있을 때 고려할 수 있는 방법이다. 이미 비트코인이 많이 올라 있는 시기라 해도 알트코인들이 오르락내리락하는 변화를 거쳐간 다음에 장기적인 하락세로 돌아서기 때문에 아직 투자 여력은 남아 있을 것이다. 이때 알트코인을 사고 싶은데 상승, 하락을 전망하기 힘들다면 이 방법을 쓸 수 있다. 비트코인보다 그 알트코인의 수익률이 더 좋을 것이라고 판단된다면 따져보고 투자할 수 있는 방법이다.

맺음말

새로운 자산 시장과 디지털화폐 전쟁

비트코인은 2017년 상승한 이후 대하락해 3년 정도 시장에서 외면받았다. 그렇게 세간의 관심에서 멀어졌고 2020년부터 부활해 2021년 1월에 3,800만 원 지점까지 왔다. 엄청난 상승세다. 그러나 사람들은 아직도 "투기다" "위험하다"라고 이야기한다. 물론 맞는 말이다. 암호화폐 가격이 왜 오르고 왜 내리는지, 암호화폐에 왜 투자해야 하는지 설명할 수 있는 사람이 많지 않았기 때문이다.

지난 5년간 비트코인에 투자하면서 이 책을 포함해 3권의 책을 썼다. 경제와의 연관성을 더 공부하자는 의미에서 네 번째 책도 준비 중이다. 그동안 갖은 욕을 먹어가면서도 암호화폐 투자를 계속하게 된 이유가 무엇인지 가격 상승의 근거는 무엇인지 이 책에서 이야기하고 싶었다. 네이버 카페, 블로그, 먼저 나온 책, 유튜브, TV

프로그램에서 5년간 나와 만나온 분들은 대강은 알고 있으리라 짐작한다. 이 책에서 처음 나와 만난 분들은 그저 비트코인이 많이 올라서 관심을 갖게 되어 책을 찾았을 것이라 생각한다. 2018년의 쓰린 실패를 다시 경험하지 않고 투자에 성공하길 바라는 마음에서 이 책을 썼다는 점을 알아주기 바란다.

마무리하는 의미에서 세 가지 정도는 다시 포인트를 정리해 본다. 첫째, IT기업과 IT기업의 대결이다. 이 부분은 상당히 의아해하는 분도 있을 것이다. 비트코인에서 이런 분석은 전혀 쓰지 않는 방법이기 때문이다.

여러분은 애플, 아마존, 테슬라, 구글, 마이크로소프트 같은 기업의 엄청난 주가 상승을 2020년에 목격했을 것이다. 물론 테슬라 이외에는 그 전년도보다 상승폭이 큰 것은 아니었을지 모른다. 다만 주목해야 할 점은 이 종목들이 매출에 비하면 훨씬 높이 시가총액이 형성돼 있다는 것이다. 이에 대한 분석도 바뀌어 있다. 애플이 2019년부터 가파르게 오를 때 유명 애널리스트들은 "거품이다" "위험하다" "매출 대비 너무 높은 주가다"라는 이야기를 하곤 했다. 그러나 2020년의 주가 상승에 거품이라고 주장하는 사람들의 이야기는 찾아볼 수가 없었다. 그렇다면 매출이 늘었을까? 아니면 새로운 기술이 나왔을까?

우리는 다른 요인을 찾아봐야 한다. 주가에는 매출 이외에 유동성이 크게 작용한다. 또 다른 원인을 찾아본다면 바로 시장에 대한 기대감이다. 주식은 향후 6개월 또는 1년을 선반영한다고 한다. 그러면 1년 후의 무엇을 반영한 것일까? 2021년에도 아직까지 코로나는 상황 종료는 아닐 것이다. 그러면 무엇을 반영한 것일까?

미국의 IT기업들이 중국으로 진출했다는 것을 전제로 주가 지수가 선반영됐다고 이야기할 수 있다. 여러분은 '미 의회, 중국기업 미 증시 퇴출법안 통과' '알리바바, 뉴욕 증시서 쫓겨날까' '트럼프 틱톡 제재에 대응 자제하는 중국 정부, 화웨이와는 달라' 등의 기사 제목을 본 적이 있을 것이다. 미국의 이런 제재 움직임은 IT기업이 앞으로 각국의 성장동력이 되기 때문이다. 코로나 상황에서도 주가가 상승하는 현상은 미국의 IT기업들이 중국에 진출했을 경우의 기대치를 회사 가치에 담아 주가에 녹여넣고 있기 때문이다.

그러면 왜 이런 것들이 비트코인과 연관이 있다는 것일까? 비트코인 암호화폐를 공부하게 되면 가장 많이 보는 것이 국경을 넘어가는 결제에 관한 것이다. 한국에서 만들어진 비트코인 관련 다큐멘터리 중에서 남미에서 미국으로 넘어간 노동자들이 송금하는 장면이 나온다. 송금 수수료가 너무 비싼 은행 서비스 대신 비트코인을 통해 국경 간에 송금을 진행하는 것이다.

무역이라고 하면 여러분은 기업 대 기업, 국가 대 국가 개념이 떠오를 것이다. 큰 규모의 국가 교역에서는 은행의 송금 시스템을 통해 결제를 진행하는 것이 이전까지의 방법이었다. 그러나 지금은 IT기업이 국가를 넘어 진출하면 소액결제가 불가피해지는 상황이다. 이럴 때 국제 결제가 1주일 또는 한 달 이상 진행된다면 과연 시장은 빠르게 반응해 줄까? 미국의 기업들이 중국에 진출할 수 있는 시기가 온다 해도 핀테크가 발달한 중국과는 비교가 안 될 정도로 결제 서비스가 낙후되어 있다.

한국인들은 전 세계 사람들 대부분이 신용카드, 체크카드, 은행계좌를 활발하게 사용할 것이라고 믿는 경향이 있어서 '결제가 뭐가 문제냐'라고 하는 분들이 많다. 그러나 전 세계 절반에 가까운 사람들이 통장이 없다는 사실을 알아야 한다. 과연 현재의 결제 시스템으로 글로벌 마켓을 선점할 수 있을까? 모바일 환경에서의 결제 시스템이 향후 IT기업들의 매출 신장에 지대한 영향을 줄 것이다.

네이버나 카카오에서 웹툰을 결제해 본 분들은 알 것이다. 웹툰 한 편에 200원가량 소비한다. 글로벌 마켓에서 지금의 결제 시스템을 사용한다면 수수료, 결제시간 지연 등의 어려움이 소액결제의 장벽이 될 것이다.

중국의 알리바바 길들이기를 보면 더욱더 재미있는 상황에 대해 알 수 있다. 알리바바는 여지껏 중국 정부의 보호 아래 커왔던 기업이다. 마윈은 자신감을 갖고 적극적으로 투자, 대출, 보험업 진출을 위해 앤트파이낸셜 기업공개IPO를 준비해 왔다. 그런데 돌연 중국 정부가 앤트파이낸셜에 제재를 가하고 있다. 이것을 중국 정부의 '알리바바 때리기'라고 보면 '알리바바가 망할 것'이라는 의견이 나온다. 과연 그럴까?

이것은 2021년부터 미국 기업의 중국 진출이 이루어진다는 전제하에 처해진 조치라고 봐야 맞을 것이다. 대출, 보험, 신용결제 등의 서비스를 알리바바가 한다는 것은 상당 부분 외부자본의 잠식 우려가 생기는 일이다. 발권력이나 은행업무 부분을 민영기업에게 맡긴다는 것이 껄끄러울 것이다. 현재의 종이화폐를 근간으로 하는 디지털 시장보다 IT기업의 특성에 맞는 진화된 화폐를 만들어내면서 정부가 적극적으로 디지털 IT기업의 확장성에 심혈을 기울이기 위한 조치라고 봐야 맞을 것이다.

디지털 위안화, 중국 CBDC의 탄생은 정부 주도하의 디지털화폐 시장을 구축하려는 모습이다. 알리바바 제재는 여기에 이유가 있다고 봐야 맞을 것이다. 디지털화폐 전쟁의 서막을 알리면서 내부 단속을 진행하고 있는 것이다. 이것은 결국 비트코인과 같은 디지털 자산 시장의 성장을 예견하는 지표가 되었다.

둘째, 달러 가치의 하락이다. 코로나 유행 이전에도 달러 가치는 지속적으로 하락했지만 급격한 하락은 아니었다. 이전에는 미국에서만 돈을 찍어낸 것이 아니라 일본, 유럽이 동시에 돈을 찍어낸 것이니, 달러의 유동성은 엔화, 유로화의 유동성과 맞물려 달러 가치가 크게 하락하지는 않았던 것이다. 그런데 돌연 코로나가 발발한 이후 달러가 급격하게 튀는 모습을 볼 수 있다.

그림 27 미국 달러 지수

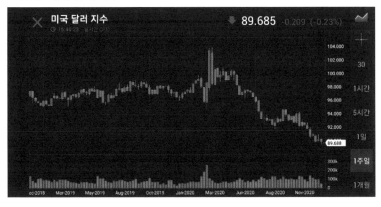

처음에는 금을 포함해 모든 자산이 하락했다. 달러만 찾는 안전 자산 선호 심리가 극에 달했던 때다. 달러의 강매수세는 결국 자산 하락을 가져오고, 이후로 미국 연준과 재무부는 특단의 조치를 취한다. 연준은 금리 인하를 단행하고Big Cut, 재무부는 자산 매입 프로그램을 가동해 달러를 또다시 엄청나게 풀어내며 달러 가치를 하락시킨다. 결국 이런 유동성 증가로 부동산, 주식, 그리고 비트코인까지 자금이 흘러 들어온 것이다. 이것은 다시 말하면 미국이 달러를 찍어내는 것을 멈추는 순간까지 비트코인 시장의 상승 여력이 있다는 뜻이다.

셋째, 새로운 버블과 화폐전쟁이다. 여러분은 기축통화에 대해서는 많은 이야기를 들어왔을 것이다. 기축통화란 결국 많은 사람들이 상용해야 한다. 그렇지만 대부분은 무역 경제에서 상용되는 화폐의 총량에 대해서만 중요성을 언급한다. 무역 규모가 가장 크면 그로 인해 그 나라 화폐가 자연스럽게 기축이 된다.

그런데 무역 규모 이상의 돈을 풀어낸다면 기축통화는 가치가 하락할까? 이런 화폐의 타락을 막을 수 있을까? 2020년, 2021년 뿌려지는 돈의 양이 코로나나 미중 무역분쟁 때문에 줄어든 무역 규모보다 훨씬 많다면 과연 달러의 가치는 지켜질 수 있을까? 어떻게 해야 달러를 찍어내도 가치가 하락하지 않을까?

2020년 12월 미국 주식 시장에서 거래되는 상장주식의 시가총액은 42조 달러다. 전년 대비 21% 증가했다. 그렇다면 달러의 유동성과 같이 전 세계 수출 비중은 정비례해서 증가하고 있을까? 그래프를 보면 수출 규모는 지속적으로 성장하지만 미중 무역분쟁이나 코로나 팬데믹 이후의 상황을 보면 하락 위험성이 크게 존재하는 것을 알 수 있다. 그렇다면 무역 규모는 줄어드는데 달러를 마구 찍어낸다면 인플레이션을 막을 수 있을까? 무엇으로 인플레이션을 막을 수 있을까? 이것이 여러분들이 알아야 하는 핵심이다.

차트를 보면 나스닥 시장에는 엄청난 상승이 있었다. 무역 규모

그림 28 전 세계 상품 교역량(2000~2022년)

2015년=100 기준

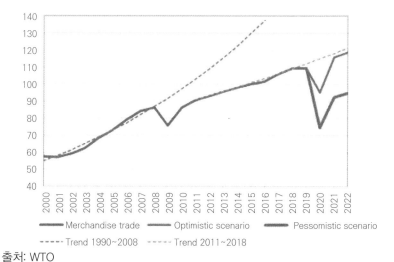

출처: WTO

그림 29 나스닥 종합지수

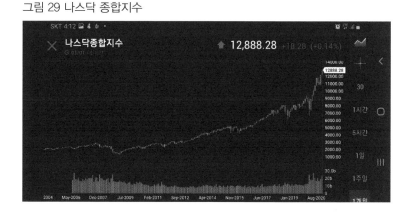

는 줄어드는데 주가는 올라갔다면, 과연 우리가 경제학을 제대로 배운 것이 맞나 싶다. 무역 규모가 줄었다는 것은 수출입이 막혔고 영업이익, 매출 등이 줄었다는 이야기다. 그런데도 어떻게 주가는 올라갈 수 있었을까? 또 달러가 뿌려졌는데도 왜 인플레이션은 오지 않을까?

늘어난 달러는 무역에서만 쓰이는 것이 아니기 때문이다. 미국의 주식은 달러로 바꿔야만 투자할 수 있다. 미국은 달러를 찍어내고 무역 규모가 줄어도 증권 시장이 상승하면 각국의 투자자들이 달러로 미국 증시에 투자한다. 이것은 달러 가치의 하락을 막아내는 요인이 된다.

달러가 늘었는데 무역 규모가 줄어든다면 시중에 달러가 남아돌아 인플레이션이 오지만, 양적완화를 시작한 이후 미국 증시에 엄청난 양의 달러가 투자되면서 유동성은 자연스럽게 조절되고 있다. 연준이 인플레이션이 올 때까지 금리를 올리지 않겠다고 하면 결국 자산 시장이 급속도로 팽창하는 결과를 가져온다.

금리를 낮추면 모든 사람들이 혜택을 받고 필요한 곳에 자본이 들어간다는 전문가의 이야기는 반은 맞고 반은 틀리다. 금리는 결국 신용이다. 신용이 낮은 사람은 돈을 빌릴 수 없고 신용이 좋은 사람은 돈을 빌릴 수 있다. 신용은 결국 월급이다. 금리를 낮추고 대출을 원하는 사람이 있다면 월급을 많이 받는 신용 좋은 사람은 큰돈을 빌릴 수 있다. 아무리 금리가 낮아도 저신용 저소득자는 돈을 빌리고 싶어도 빌릴 수 없다. 금리를 낮추는 것이 모든 사람들에게 공평한 혜택이라고 할 수 있을까?

신용도가 좋고 임금이 높은 사람은 저금리로 대출받으면서 투자에 훨씬 더 유리해진다. 임금이 높거나 신용도가 좋은 사람은 대출받은 돈을 생활비로 쓰지는 않는다. 결국 저금리는 신용도 높은 사람들을 위한 혜택이며, 그것은 곧 자산 시장의 팽창을 의미한다.

그리고 자산 시장의 팽창은 미국에게는 달러 가치의 보존이라는 아름다운 선물을 준다.

그렇다면 디지털 자산 시장이라는 새로운 자산 시장이 형성된다면 이 시장을 선점하는 국가는 어떤 혜택을 받게 될까? 예를 들어 한국 증시가 커진다는 것은 해외자본이 달러나 엔화나 유로화를 팔고 원화를 사서 주식을 산다는 이야기다. 원화 가치의 상승과 외환보유고의 증가를 의미한다. 왜 홍콩의 자산 시장과 싱가포르의 자산 시장이 중요한지 알 수 있는 대목이다. 과연 디지털 자산 시장은 누가 가져갈까?

참고자료

1장

「암호자산과 중앙은행」, 한국은행, 2018. 7

http://www.coinreaders.com/916

https://steemit.com/coinkorea/@keepit/bkpew-keep-t-history

https://magazine.hankyung.com/business/article/2018121701203000311

https://www.coindeskkorea.com/news/articleView.html?idxno=16025

https://blockinpress.com/archives/2227

https://www.fsc.go.kr/info/ntc_news_view.jsp?menu=7210100&bbsid=BBS0030&
no=32932

https://www.thebchain.co.kr/news/articleView.html?idxno=1109

https://m.etnews.com/20200803000258

http://www.hani.co.kr/arti/economy/economy_general/330129.html

https://jmagazine.joins.com/forbes/view/316786

http://stock.hankyung.com/board/view.php?id=tujagosu&ch=ft&no=318&page=10&o

ld_no=320&old_id=tujagosu&desc=desc&cmt_page=1&cmt_desc=asc

https://www.hankyung.com/news/article/2014042518481

https://www.ajunews.com/view/20180109150830685

https://www.enewstoday.co.kr/news/articleView.html?idxno=454620

https://biz.chosun.com/site/data/html_dir/2019/03/03/2019030301988.html

https://news.einfomax.co.kr/news/articleView.html?idxno=4110508

https://blockinpress.com/archives/34005

https://www.newstown.co.kr/news/articleView.html?idxno=388775

https://jmagazine.joins.com/forbes/view/331170

http://www.hani.co.kr/arti/international/international_general/972289.html

http://www.blockchaintoday.co.kr/news/articleView.html?idxno=14035

http://www.munhwa.com/news/view.html?no=2020111301032503350001

https://www.chosun.com/site/data/html_dir/1998/01/12/1998011270362.html

http://sgsg.hankyung.com/apps.frm/news.view?nkey=50&c1=99&c2=01

https://biz.chosun.com/site/data/html_dir/2008/08/01/2008080100762.html

https://www.mk.co.kr/news/economy/view/2020/11/1228546/

https://joind.io/market/id/4109

https://blockinpress.com/archives/39914

https://biz.chosun.com/site/data/html_dir/2017/09/13/2017091301190.html

https://www.blockchaintoday.co.kr/news/articleView.html?idxno=11829

https://www.tokenpost.kr/article-40142

https://kr.investing.com/news/cryptocurrency-news/article-145892

https://www.hankyung.com/economy/article/202011265507g

https://www.coindeskkorea.com/news/articleView.html?idxno=71062

https://biz.chosun.com/site/data/html_dir/2020/09/10/2020091002819.html

http://www.thelec.kr/news/articleView.html?idxno=7716

https://www.asiae.co.kr/article/2018121113363741533

http://www.aseanexpress.co.kr/news/article.html?no=5504

2장

https://blockinpress.com/archives/38976

https://www.coindeskkorea.com/news/articleView.html?idxno=70994

https://www.coindeskkorea.com/news/articleView.html?idxno=71942

https://www.jp-home.com/forum_view.asp?id=1&pid=19

https://biz.chosun.com/site/data/html_dir/2020/10/20/2020102001790.html

'비트코인, 위대한 혹은 위험한 실험', SBS스페셜 502회, 2018. 3. 11

https://www.news1.kr/articles/?3518617

https://signalm.sedaily.com/NewsView/1VO5436AER/GZ0102

http://inthenews.co.kr/article-60882/

https://blockinpress.com/archives/37024

https://blockinpress.com/archives/28337

https://kr.coinness.com/articles/11518

https://changelly.com/blog/ko/china-on-bitcoin-cryptocurrency/

https://steemit.com/kr/@pius.pius/ico-7

https://news.joins.com/article/23657268

http://m.segye.com/view/20171218004283

https://www.tokenpost.kr/article-39395

http://www.fortunekorea.co.kr/news/articleView.html?idxno=12804

http://www.bloter.net/archives/229152

https://news.joins.com/article/23612197

https://www.coindeskkorea.com/news/articleView.html?idxno=49059

https://www.coindeskkorea.com/news/articleView.html?idxno=51028

http://news.khan.co.kr/kh_news/khan_art_view.html?art_id=202009071155001

http://www.coinreaders.com/8009

https://www.mk.co.kr/news/economy/view/2020/11/1169359/

https://news.joins.com/article/23838568

https://www.edaily.co.kr/news/read?newsId=03348886619083296&mediaCode
    No=257

https://www.hankyung.com/economy/article/2020071949241

https://biz.chosun.com/site/data/html_dir/2019/11/15/2019111500308.html

3장

https://www.sedaily.com/NewsVIew/1Z5H9ESF4A

https://news.einfomax.co.kr/news/articleView.html?idxno=4108514

https://www.hankyung.com/finance/article/202010209490i

http://biz.newdaily.co.kr/site/data/html/2020/11/23/2020112300113.html

https://www.newspim.com/news/view/20201017000013

https://www.mk.co.kr/premium/special-report/view/2020/05/28373/

https://www.edaily.co.kr/news/read?newsid=01298886625964408&mediacode
    no=257

https://biz.chosun.com/site/data/html_dir/2020/11/09/2020110901943.html

http://www.opinionnews.co.kr/news/articleView.html?idxno=41265

https://www.sedaily.com/NewsVIew/1Z91EOJBLX

http://www.sisajournal-e.com/news/articleView.html?idxno=225415

https://www.mk.co.kr/news/economy/view/2020/11/1157684/

http://m.weekly.chosun.com/client/news/viw.asp?ctcd=C05&nNewsNu
mb=002635100002

https://www.hankyung.com/life/article/2020110112087

https://www.ajunews.com/view/20201118080944567

https://magazine.hankyung.com/business/article/202011300130500201?utm_
source=dable

https://www.blockmedia.co.kr/archives/154981

https://www.mk.co.kr/news/stock/view/2020/10/1114722/

https://biz.chosun.com/site/data/html_dir/2020/03/14/2020031400140.html

https://www.donga.com/news/It/article/all/20201201/104237408/1

https://www.coindeskkorea.com/news/articleView.html?idxno=72156

http://m.weekly.chosun.com/client/news/viw.asp?ctcd=C05&nNewsNu
mb=002635100002

https://www.donga.com/news/It/article/all/20200512/101013436/1

http://www.apple-economy.com/news/articleView.html?idxno=58463

https://www.tokenpost.kr/article-48616

https://www.yna.co.kr/view/AKR20150727185800016

https://biz.chosun.com/site/data/html_dir/2020/01/23/2020012301856.html

4장

https://www.mk.co.kr/news/world/view/2019/03/147160/

https://biz.chosun.com/site/data/html_dir/2020/08/10/2020081002541.html

https://www.mk.co.kr/news/economy/view/2019/05/362384/

https://news.joins.com/article/21432325

https://www.mk.co.kr/news/world/view/2019/04/242480/

https://www.ytn.co.kr/_ln/0104_201904181750075537

https://www.yna.co.kr/view/MYH20170902008600038

https://www.donga.com/news/Inter/article/all/20201203/104281244/1

https://www.chosun.com/site/data/html_dir/2019/07/15/2019071501073.html

http://www.hani.co.kr/arti/international/international_general/924612.html

https://kpc4ir.kaist.ac.kr/index.php?mid=kpc4ir_06_03&document_srl=1915

https://news.mt.co.kr/mtview.php?no=2020012410085274753

https://www.chosun.com/site/data/html_dir/2017/06/07/2017060700338.html

https://biz.chosun.com/site/data/html_dir/2020/10/27/2020102700831.html

https://www.chosun.com/economy/stock-finance/2020/11/03/
NAFDP7WNKRCIFH4GVVCN6X26DE/

https://www.kif.re.kr/kif2/publication/maildetview.aspx?nodeid=402&controlno=2689
45&ismail=1&email=[$email$]&SL=0

https://www.hankyung.com/international/article/2020090265991

http://www.inews24.com/view/1229488

「2017 동남아시아 모바일 시장 현황」, 정보통신산업진흥원, NIPA자료집

https://www.ajunews.com/view/20191120123958941

https://biz.chosun.com/site/data/html_dir/2020/06/02/2020060203084.html

https://news.joins.com/article/12514367

https://news.joins.com/article/23671212

https://news.kotra.or.kr/user/globalBbs/kotranews/6/globalBbsDataView.
do?setIdx=322&dataIdx=113381

https://www.beinews.net/news/articleView.html?idxno=32833

https://www.chosun.com/economy/tech_it/2020/10/23/
J4B53CVKVNH65PXV2UY2X55XMQ/

https://news.samsung.com/kr/%EC%82%BC%EC%84%B1%EC%A0%84
%EC%9E%90-2020%EB%85%84-3%EB%B6%84%EA%B8%B0-
%EC%8B%A4%EC%A0%81-%EB%B0%9C%ED%91%9C

https://www.hankyung.com/finance/article/202010305396i

https://newsis.com/view/?id=NISX20201124_0001245189

https://news.joins.com/article/23829287

https://www.yna.co.kr/view/AKR20181227024353071

https://www.mk.co.kr/news/world/view/2019/10/848227/

https://www.chosun.com/site/data/html_dir/2018/09/13/2018091302359.html

https://kosis.kr/statHtml/statHtml.do?orgId=101&tblId=DT_2KAAE03

https://www.chosun.com/international/international_general/2020/11/28/4EABYD2
T2RG6ZNNTFS7DMMXNEY/

https://www.donga.com/news/Inter/article/all/20201028/103667070/1

https://www.yna.co.kr/view/AKR20201202137551074

https://www.chosun.com/economy/tech_it/2020/10/14/
GK57PRWGZBGZLLQXTJMFQLAOGE/

https://news.joins.com/article/23771255

https://www.ajunews.com/view/20200712114729261

http://www.koreadaily.com/news/read.asp?art_id=6061278

https://www.yna.co.kr/view/GYH20190530000900044

https://biz.chosun.com/site/data/html_dir/2020/08/10/2020081002614.html

https://www.coindeskkorea.com/news/articleView.html?idxno=64193

https://www.decenter.kr/NewsView/1VPCQ9UPI0/GZ03

https://www.techm.kr/news/articleView.html?idxno=77559

https://biz.chosun.com/site/data/html_dir/2012/04/09/2012040901372.html

https://www.seoul.co.kr/news/newsView.php?id=20200221028001

https://www.fntimes.com/html/view.php?ud=20200901131308680645f
fc9771_18

https://biz.chosun.com/site/data/html_dir/2020/07/27/2020072703040.html

https://news.joins.com/article/23818007

https://biz.chosun.com/site/data/html_dir/2020/09/26/2020092600826.html

https://zdnet.co.kr/view/?no=20201217154905

http://m.segye.com/view/20200123504913

「EU의 디지털 서비스세 도입과 대응」, 강노경 KITA Overseas Network, 〈KITRA Market Report〉, 2020. 2. 12

https://www.hankyung.com/economy/article/202012018919i

https://www.mk.co.kr/news/economy/view/2020/11/1223950/

http://news.khan.co.kr/kh_news/khan_art_view.html?art_id=202008151125001

https://www.econovill.com/news/articleView.html?idxno=404033

https://m.newspim.com/news/view/20200709000249

https://biz.chosun.com/site/data/html_dir/2020/04/03/2020040302464.html

http://www.morningeconomics.com/news/articleView.html?idxno=5477

https://dbr.donga.com/article/view/1206/article_no/8797/ac/magazine

https://www.chosun.com/site/data/html_dir/2018/11/20/2018112001901.html

5장

https://www.hankyung.com/news/article/2016042942601

https://www.hankyung.com/news/article/2019082326211

https://www.yna.co.kr/view/AKR20201130040900009

https://www.voakorea.com/world/east/iran-biden

https://biz.chosun.com/site/data/html_dir/2020/06/10/2020061003234.html

https://www.yna.co.kr/view/AKR20151201003652071

https://www.econovill.com/news/articleView.html?idxno=373577

https://biz.chosun.com/site/data/html_dir/2019/12/31/2019123100835.html

https://www.asiae.co.kr/article/2018121907181424477

넌이면 달러, 유로화에 이은 세계3위 국제통화 될 것', 안유화, KDI 경제정보센
터《나라경제》2014년 11월호

https://www.mk.co.kr/news/world/view/2020/06/586389/

https://biz.chosun.com/site/data/html_dir/2020/09/20/2020092000412.html

https://zdnet.co.kr/view/?no=20200921094806

https://www.donga.com/news/It/article/all/20200715/101977584/1

「2020년 중국 경제의 위상」, 박재곤, 〈중국경제 브리프〉 이슈 분석, 산업연구원,
2020. 7

「2020년 상반기 중국경제 점검과 전망」, 한재진, 〈CSF 이슈분석〉, 중국전문가포
럼 전문가 오피니언, 대외경제정책연구원, 2020.

https://biz.chosun.com/site/data/html_dir/2020/12/21/2020122101522.html

https://www.chosun.com/economy/tech_it/2020/10/14/
GK57PRWGZBGZLLQXTJMFQLAOGE/

'한국은행, 중앙은행 디지털화폐(CBDC) 파일럿 테스트 추진', 보도참고자료,
2020. 4. 2

http://www.coinreaders.com/9525

https://newsroom.koscom.co.kr/24482

http://www.betapost.net/news/articleView.html?idxno=2957

https://www.hankyung.com/it/article/201912067401g

https://www.blockmedia.co.kr/archives/100263

http://www.hani.co.kr/arti/economy/finance/909504.html

https://m.newspim.com/news/view/20191220000010

https://www.cmegroup.com/ko/education/featured-reports/what-fx-markets-sayabout-negative-rates.html

'미국의 금리인상 배경과 국내 금융 시장에 미치는 영향', 최남진, 우정정보, 우정 경영연구센터, 2017 가을

https://biz.chosun.com/site/data/html_dir/2020/12/17/2020121700358.html

http://news.khan.co.kr/kh_news/khan_art_view.html?art_id=201611221814011

https://biz.chosun.com/site/data/html_dir/2020/07/23/2020072301405.html

https://www.sedaily.com/NewsVIew/1Z7UQOO09X

https://news.joins.com/article/23931305

「중앙은행 디지털화폐」, 한국은행, 2019. 1

https://www.coindeskkorea.com/news/articleView.html?idxno=71509

https://zdnet.co.kr/view/?no=20201020145321&from=pc

https://www.coindeskkorea.com/news/articleView.html?idxno=72087

https://www.mk.co.kr/news/economy/view/2020/06/610802/

https://www.mk.co.kr/news/economy/view/2020/10/1080737/

https://www.sisafocus.co.kr/news/articleView.html?idxno=241153

https://www.e-focus.co.kr/news/articleView.html?idxno=8033

https://m.etnews.com/20201015000183

https://www.mk.co.kr/news/economy/view/2020/04/434654/

6장

https://www.asiae.co.kr/article/2016011208504871012

https://www.news1.kr/articles/?4153306

https://www.yna.co.kr/view/AKR20201207072800009

http://businessnews.chosun.com/site/data/html_dir/2013/03/16/2013031600274.html

http://www.sisaon.co.kr/news/articleView.html?idxno=45317

'일본의 부동산 버블의 전개과정과 붕괴 그리고 현황', 표명영(일본 메이카이대
학 부동산학부), 한국감정평가사협회, 2007. 11.